Peter Wild
Finde die Stille

topos taschenbücher, Band 864
Eine Produktion des Matthias Grünewald Verlags

Peter Wild

Finde die Stille

Spiritualität im Alltag

topos taschenbücher

verlagsgemeinschaft topos plus
Butzon & Bercker, Kevelaer
Don Bosco, München
Echter, Würzburg
Lahn-Verlag, Kevelaer
Matthias Grünewald Verlag, Ostfildern
Paulusverlag, Freiburg (Schweiz)
Verlag Friedrich Pustet, Regensburg
Tyrolia, Innsbruck

Eine Initiative der Verlagsgruppe engagement

Bibliografische Information der Deutschen Nationalbibliothek
Die Deutsche Nationalbibliothek verzeichnet diese Publikation in der Deutschen Nationalbibliografie; detaillierte bibliografische Daten sind im Internet über http: // dnb.d-nb.de abrufbar.

Einband- und Reihengestaltung | Finken & Bumiller, Stuttgart
Umschlagabbildung | www.photocase.de / rowan
Herstellung | Friedrich Pustet, Regensburg
Printed in Germany

Topos ISBN: 978-3-8367-0864-7
www.toposplus.de

Inhalt

Das Seltsame liegt, genauer betrachtet, darin, dass keine Erfahrung, religiöser oder philosophischer Art zum Beispiel, je für die anderen gemacht wird; sie muss von jedem Einzelnen wieder erlebt werden, um überhaupt etwas wert zu sein, und es ist also stets von Neuem zu beginnen.

Philippe Jaccottet, Fliegende Saat[1]

Einleitung

Stille ist nicht einfach Stille, sie kann verschiedene Gesichter haben: Gesichter, die uns anziehen, aber auch Gesichter, die uns erschrecken und abstoßen. Diese Gesichter wiederum hängen mit unserer Lebensgeschichte zusammen. Was im Rahmen der einen Lebensgeschichte als harmonisierende Stille erfahren wird, mag jemand anderen abschrecken. – Wie auch immer unsere persönliche Geschichte mit der Stille aussieht: Klar ist, dass die Stille heute ein wertvolles, weil gefährdetes Gut geworden ist. Der zur Gewohnheit gewordene Lärmpegel (Geräusche, Klänge, Stimmen, Musik) liegt höher denn je; ihn noch zu übertönen gilt vordergründig als Ablenkung vom Lärm, in Wirklichkeit lässt diese »Ablenkung« den Lärmpegel noch höher steigen. Viele Menschen sehnen sich nach der Stille und zerstören sie gleichzeitig …

Auch ich sehne mich nach Stille und suche sie bewusst. Stille bedeutet für mich: die Entscheidung für einen ruhigen Wohnort, Wanderungen in abgelegenen, kaum bewohnten Regionen, Aufenthalt in Landschaften, die noch von den natürlichen Rhythmen geprägt werden, Ferienwochen ohne Pflichtprogramm, kurze und längere Phasen der Meditation, Körperübungen in der Tradition des Hatha-Yoga, Beschäftigung mit dichterischen Texten, in denen die wichtigsten Aussagen nicht nur in den Worten, sondern auch dazwischen oder dahinter stehen. Es gibt auch die Stille, die ich nicht suche, die mich aber einholt, unerwartet, ungefragt: Nachtstunden, in denen ich den Schlaf nicht finde, Pausen, die ich ungenutzt verstreichen lasse, Menschen, die ihre Lebensfragen mit mir teilen, ohne auf eine direkte Antwort aus zu sein, Hoffnungen, auf die ich angelegt bin und die sich nicht erfüllen.

In meinem Leben hat auch Gott immer mehr mit Stille zu tun. Als Theologe kann ich ihn zwar fachmännisch beschreiben, aber auf der Ebene der Erfahrung wird Gott je länger desto mehr zum Freiraum, zum Schweigeraum, der sprachlich nur schwer erfasst wird, der durch Sprache sogar oft verstellt wird.

Was bedeutet »Stille« für Sie? Ich gehe davon aus, dass Ihre Stille-Erfahrungen ebenso persönlich, wenn auch anders gefärbt sind als meine Erfahrungen, die ich eben aufgezählt habe. Ich hoffe, dass Sie in diesem Buch für die Ihnen schon vertrauten Formen der Stille neue Zusammenhänge entdecken und den Zugang zu weiteren Formen der Stille finden.

Es handelt sich um ein Buch, das auf die Praxis ausgerichtet ist. Die einzelnen Kapitel führen auf Übungen hin. Der Vollzug der Übungen und der durch die Übungen intendierte spirituelle Weg stehen im Mittelpunkt des Buches. Dies bedeutet wiederum: Eine Lektüre dieses Buches nimmt nicht viel Zeit in Anspruch. Wenn Sie aber den durch die Übungen angezeigten Weg ganz oder teilweise gehen wollen, werden Sie mit dem Buch längere Zeit unterwegs sein.

Der spirituelle Weg – das Buch – ist durch drei Teile in drei Etappen gegliedert: Entspannung, Meditation und Gestaltung des Alltags. Die drei Teile gehören zusammen; es geht nicht auf, wenn wir uns auf einen der Teile spezialisieren wollen, beispielsweise auf eine intensive Meditationspraxis, und die anderen Teile außer Acht lassen. Die drei Teile bzw. die entsprechenden Übungen bedingen einander: Dank der Entspannung wird die Meditation nicht zur Eigenleistung, dank der Meditation bleibt die Entspannung nicht im egoistischen Wohlfühlbereich stecken, dank der Entspannung verkommt die Gestaltung des Alltags nicht zur Selbstdisziplinierung, dank der bewussten Gestaltung des Alltags erhält die Meditation einen Raum des Ausdrucks usw.

In einem vierten Teil, auf dem »Übungsweg«, werden die Entspannung, die Meditation und die Gestaltung des Alltags in Form von Übungen noch einmal aufgegriffen. Auch wenn der Übungsweg erst am Schluss auftaucht, bildet er selbstverständlich die Mitte des Buches. Das heißt: Sich immer wieder für die Übungen Zeit zu nehmen und sich der Übungspraxis regelmäßig zu widmen ist entscheidender als die Lektüre. Sie können die Übungen in der Reihenfolge vornehmen, in der sie im Buch vorliegen; Entspannung, Meditation und Gestaltungstipps lösen dann einander ab und inspirieren sich gegenseitig. Sie können selbstverständlich auch mehrere Übungen lesen und dann dort mit der Praxis beginnen, wo Sie sich von einer Übung besonders angesprochen fühlen. Achten Sie einfach darauf, dass Sie auf die Dauer keine der Übungen auslassen und sich schließlich auch an die letzten Übungen heranwagen; sie gehören dem inneren Gebet. Wenn Sie es vorziehen, zuerst die drei ersten Teile des Buches als Ganzes zu lesen und sich erst dann den Übungen zu widmen, finden Sie bei den einzelnen Übungen Rückverweise auf jene Kapitel, die über die Zusammenhänge informieren. So können Sie Ihr Üben in die Lektüre einordnen.

Einen spirituellen Weg zu gehen – auch den spirituellen Weg, der in diesem Buch skizziert wird – bedeutet, sich zu wagen, sich herauszufordern und das eigene Leben zu gestalten. Dies setzt auf der körperlichen und psychischen Ebene ein gesundes Gleichgewicht voraus. Wenn jemand wegen traumatischer Erfahrungen oder einer psychischen Erkrankung dieses Gleichgewicht nicht mehr oder noch nicht besitzt, ist es nicht ratsam, mit einem Buch allein zu üben. Auch für Menschen, die momentan nicht über das nötige Gleichgewicht verfügen, steht der spirituelle Weg durchaus offen, aber es ist für sie besser und heilsamer, wenn sie ihn unter der direkten Führung eines erfahrenen spirituellen Leiters oder einer Leiterin gehen, allenfalls auch begleitet durch einen Therapeuten oder eine Therapeutin.

Ich wünsche Ihnen, dass Ihnen der Weg mit diesem Buch Ihre alltäglichen Erfahrungen erschließt und dass Ihre alltäglichen Erfahrungen Ihnen je länger je mehr das Buch erschließen. Als Beispiel eine Erfahrung, die erst zwei Wochen alt ist, die mich aber noch lange begleiten wird: Ich sitze, gemeinsam mit einer Gruppe, am Saoseo-See (Puschlav) und habe den Auftrag, von Zeit zu Zeit einen kleinen Stein in den See zu werfen und wahrzunehmen, welche Kreise, welche Ringe er auslöst. Nach dem vierten oder fünften Stein tauchen im Silbergrün des Bergsees drei Fische auf; immer wieder schwimmt einer der Fische an die Oberfläche, schnappt nach irgendetwas und löst »meine« Kreise aus, ich kann das Werfen der Steine einstellen. Die Kreise sind schon da, ich brauche sie nur noch wahrzunehmen, meinen Kreisfischen dankbar verbunden.

Wangen an der Aare, September 2013

Peter Wild

Entspannung – der Stille Raum schaffen

Die Entspannung – ein Raum der Stille

Im Tal des Javroz liegt La Valsainte, die einzige Kartause in der Schweiz, die noch von Mönchen bewohnt wird. Wenn ich in diesem Tal oder auf den umliegenden Bergen wandere, beginnt mich eine ungewohnt dichte Ruhe zu erfüllen. Es ist mir nicht klar, worauf ich diese Ruhe zurückzuführen habe: auf eine spezielle Lage des Tals, die die Kartause begünstigt – von Abgeschiedenheit kann allerdings nicht die Rede sein, denn die nächsten Dörfer, Cerniat, Crésuz und Charmey, liegen nachbarschaftlich nahe und an der Kartause vorbei führt die Straße zu intensiv bewirtschafteten Alpen – oder auf die innere Sammlung dieser als Eremiten lebenden Mönche. Letztlich ist mir die genaue Ursache dieser Ruhe auch gleichgültig; ich genieße sie, ich tanke auf. Und ich stelle mir vor, dass in einem nicht auftrennbaren Ineinander das Tal die Kartäuser beschützt und die Kartäuser das Tal »stimmen«. Ich erlebe das Tal und seine Kartause als einen großen Leib, der mitten in der betriebsamen Umgebung – noch – zur Ruhe kommen und die Stille finden kann.

Das Javroz-Tal ist für mein eigenes Entspannen zu einem inspirierenden Bild geworden. Dieses Bild lässt bei eigentlichen Entspannungsübungen, aber auch in den kurzen Momenten des Innehaltens während des Alltags etwas von jener Ruhe in mir lebendig werden, die ich bei den Wanderungen in diesem Tal erlebt habe. In der Entspannung lasse ich mich, bildhaft gesprochen, zu diesem Tal werden, damit sich die Stillespezialisten in mir geschützt ihrer Sammlung hingeben können, und ich nehme wahr, wie ich mich unter dem Einfluss dieser Sammlung verändere.

Der Raum des von Bergen umgebenen Tales und mitten im Tal die »Stille-Zentrale« – dieses Bild vermittelt mir ein wichtiges Moment der Entspannung: Ruhe und Stille entfalten ihre Wirkung nur, wenn ein Raum vorhanden ist, in dem sie sich wie ein Klang ausbreiten, aber auch wieder zu ihrer Quelle zurückfließen können. In der Entspannung ist dieser Raum unser Leib. Wohl realistischer gesagt: Zu diesem Raum kann unser Leib wieder werden.

Es geht uns Tag für Tag viel durch den Kopf und durch das Herz: Gedanken, Gefühle, Pläne, Sorgen, Wünsche. Manchmal scheinen sich die Gedanken und Gefühle sogar zu jagen. Pausenlos ziehen sie in uns an uns vorbei. Bei den einen sind wir froh darüber, dass sie nur kurz aufblitzen und gleich wieder verschwinden. Bei anderen bedauern wir es, dass wir sie nicht festhalten und nicht von ihnen leben können, denn sie scheinen uns wertvoll zu sein, ausgestattet mit der Kraft für Neues.

Noch tiefer als die Gedanken und Gefühle, die auftauchen und mit denen wir uns beschäftigen, fließt ein weiterer Strom: die Energie der unbewusst vorhandenen Erinnerungen, Sehnsüchte, Ängste. Es gibt Momente, da haben wir den Eindruck, dass dieser unheimliche Strom uns oft stärker beeinflusst und bestimmt als der aufblitzende Gedankensog, dass er uns, geistig und körperlich, unauslöschbare Muster eingeprägt und sich so in uns festgesetzt hat.

Für die Entspannung bedeutet diese Erfahrung: Auch wenn ich den Wunsch nach Ruhe, Stille, Entspannung zulasse, wenn ich ihn denke und mit mir herumtrage, so verändert sich an mir und in meinem Alltag noch gar nichts. Denn dieser Wunsch ist nur ein kurzlebiger Teil des vielfältigen Gedankenstroms. Solange der Wunsch nach Ruhe, Stille, Entspannung nur Gedanke bleibt und sich nicht verleiblicht, löst er keine Konsequenzen aus. Der spirituelle Weg ist immer ein Weg der Verbindung von Gedankenwelt und Körper, der Weg der Verleiblichung.

Georges Frey, sein Zen-Name lautet: Taïkan Jyoji[2], leitet das Centre de la Falaise Verte, ein Zen-Zentrum in St-Laurent-du Pape (Ardèche). In seinem *Tagebuch eines Zen-Meisters, der aus dem Westen kam* kann am Beispiel der Zen-Spiritualität nachgelesen werden, mit welchem Einsatz und mit welchem Schmerz der spirituelle Weg zurück zur Verleiblichung verbunden sein kann. Taïkan Jyoji beschreibt im *Tagebuch* seine Ankunft in Kobe, seine Jahre im Kloster Shofuki-ji (1968–1975), sein Üben unter der Leitung von Yamada Mumon Roshi und sein Wiederentdecken des »Denkens mit dem Körper«: »Zen ist Nicht-Denken beziehungsweise Denken mit dem Körper statt mit dem Intellekt.«[3] An mehreren Stellen des Tagebuchs hebt er hervor, dass er über weite Strecken seines spirituellen Wegs mit der Abspaltung der Gedankenwelt vom Leib, an der er als typischer Mensch unserer Zeit gelitten hat, konfrontiert worden ist. Er schreibt:

»Die Menschen unserer Zeit nehmen ihren Körper gar nicht mehr wahr, sie sind nur noch im Kopf. Sobald sich ein Wort oder ein Gedanke meldet, fällt man aus der Wahrnehmung und Empfindung heraus. Solange man [aber] mit dem, was man tut, nicht eins ist und es den Gegensatz von Subjekt und Objekt gibt, so lange steht man neben dem Leben. Jeden Augenblick sollte man in seiner Tiefendimension entdecken, andernfalls lohnt es sich nicht.«[4]

Auch an einer anderen Stelle des Tagebuchs macht er deutlich, wie sehr der Weg der Verbindung, der Weg zur neuen Einheit, für ihn ein leiblicher Weg war. Zu einem neuen Menschen kann er nur über körperlich erfahrbare und oft auch schmerzhafte Prozesse werden. Was ihn bisher geprägt hat, löst sich auf und macht allmählich einem neuen Wesen Platz.

»Je mehr ich vorankomme, desto mehr wird mir bewusst, dass das, was mich geistig bestimmt, eine Illusion ist. Meine Vergangenheit klebt mir auf der Haut. Und es gelingt mir nicht, mich von meinen alten Abhängigkeiten zu befreien. Es ist, als ob ich mich immer noch nach meinem früheren

Leben zurücksehnen würde. Es gelingt mir nicht, meine so genannten Wahrheiten, die keine sind, fallen zu lassen. Alle meine Ideen erweisen sich als Hindernisse, die mir meinen weiteren Weg verstellen. Ich muss alles loslassen, was ich als das Konstrukt meiner Person wahrnehme. [...] Ich muss mich auch von meinem Körper lösen, ich müsste fähig sein zu ›sterben‹, dann könnte ich wiedergeboren werden ohne diesen Leib mit seinen falschen Programmierungen.«[5]

Oder nochmals anders gesagt: Wer in unserer heutigen hektischen Welt zur Ruhe kommen möchte, wer die Stille finden will, kann zwar auf äußere Hilfsmittel zurückgreifen. Als solche Hilfsmittel bieten sich an: Ferienparadiese, Kurorte, Berge, abgelegene Landschaften, stimmige Räume, ja sogar methodische Hilfen, musikalische Klänge und Medikamente. Aber all diese äußeren Hilfsmittel schaffen die Stille nicht, wenn nicht die Person selbst über den Leib einen Umwandlungsprozess wagt, also über den Raum, der ihr am nächsten liegt. Und der Schritt, der einen solchen Umwandlungsprozess wirksam in Gang setzt, ist die bewusste Entspannung. Wer diesen Schritt nicht wagt oder wer ihn als unnötig auslässt, wird auf dem weiteren spirituellen Weg immer wieder jenen Hindernissen begegnen, die deutlich machen, dass der Spiritualität der Raum fehlt. Sie kann sich nicht entfalten. Die Spiritualität wirkt abgerungen, klanglos, atemlos.

Ich habe es als Geschenk erlebt, dass ich bei einer der Wanderungen im Tal des Javroz die Kartause nicht nur von außen erleben, sondern auch an einem Vespergottesdienst der Eremiten teilnehmen durfte. Als Gast weilte ich auf der Empore der schlicht gestalteten Kirche und folgte dem Gesang der Mönche. Geblieben sind mir die Art und Weise, wie die Doxologie, der Lobpreis am Ende der Psalmen, zerdehnt und verlangsamt gesungen wurde, als ob die Mönche aus dem natürlichen Fluss des Singens und Denkens aussteigen wollten, und die Stille, in der die Mönche vor und nach dem Gottesdienst gemeinsam verharrten. Ich erlebte den Kirchenraum von einer dichten Stille erfüllt. Der Gesang und die Stille bildeten eine Einheit, und zwar so stark, dass es mir im Nachhinein nicht mehr möglich ist auseinanderzuhalten, ob die Mönche ihre Gesänge aus dieser Stille schöpften und sie am Ende in die Stille zurückgaben oder ob sie mit ihren Gesängen die Stille aufgriffen und ihr mit ihren Worten und Melodien versuchsweise Struktur gaben.

Die Entspannung: ein Gang durch den Körper

Sich hinlegen hat mit Vertrauen zu tun und ist nicht so einfach, wie es auf den ersten Blick ausschaut. Celina, die zweieinhalbjährige Tochter einer Nachbarsfamilie, hat mir vorgemacht, wie schwierig es ist. Nicht nur alle drei Puppen müssen bei ihr liegen, und zwar in einer unverrückbaren Ordnung, sondern auch ein Taschentuch aus der Hose des Vaters und das Meerschwein aus Stoffresten. Bei Taschentuch und Meerschwein ist zudem die Geruchsorientierung wichtig: Frisch gewaschen tun sie ihren Dienst nicht und führen nur zu Tränen und Problemen mit dem Einschlafen. Sich hinlegen hat mit Vertrauen zu tun, auch wenn es nicht um den Schlaf, sondern um die Entspannung geht.

Unsere täglichen Aktivitäten und Begegnungen mit anderen Menschen, aber auch der Gedankenstrom und der unbewusste Strom aus Erinnerungen, Ängsten, Prägungen und Sehnsüchten führen dazu, dass unser Körper über das Nervensystem eine bestimmte Muskelspannung[6] aufbaut. Diese Spannung ist von der Natur als körperliche Reaktionsbereitschaft auf die Anforderungen von außen und innen vorgesehen – vielleicht sogar im Sinne einer Bereitschaft zur Flucht. Nun ist aber in unserer Zivilisation eine körperliche Reaktion auf Ereignisse und Auseinandersetzungen oft nicht möglich oder gar nicht gefragt; eine Reaktion auf geistiger oder emotionaler Ebene genügt. Das heißt: Unser Körper hat die Muskelspannung umsonst aufgebaut, es kommt zu keiner oder nur einer ungenügenden Abreaktion auf körperlicher Ebene und dies vielleicht mehrfach am Tag. Wir leben in einem Körper, der sich in unnötigen Spannungen erschöpft. Wir haben weder gelernt, diese Spannungen heilsam abzubauen, noch sie vorweg schon zu vermeiden.[7]

Wer sich hinlegt, um sich zu entspannen, kann schmerzhaft mit diesen Spannungen konfrontiert werden. Sie zeigen sich etwa darin, dass es schwerfällt, sich ohne große Hilfsmittel in der Rückenlage auf dem Boden einzurichten. Der Rücken oder auch Stellen an den Beinen ertragen den direkten Kontakt mit dem Boden nicht. Es fällt auch schwer, liegen zu bleiben: Der Körper beginnt zu kribbeln, die Übungszeit von 15 bis 20 Minuten scheint endlos zu dauern, viel wichtigere Dinge wollen einen beanspruchen und müssen unbedingt erledigt werden. Wir erleben uns in der Rückenlage als schutzlos ausgeliefert ...

Die Entspannung lebt von Zuwendung und Vertrauen, und zwar von der Zuwendung und vom Vertrauen, die wir unserem Körper schenken. Das beginnt damit, dass wir uns bewusst und richtig hinlegen. Ich habe die Entspannung im Rahmen des Yoga kennengelernt, wo die längeren Entspannungsübungen normalerweise in der Rückenlage durchgeführt werden. »Richtig in der Rückenlage« bedeutet: Wenn wir uns hinlegen, achten wir auf die Symmetrie des Körpers. Die Beine sind leicht geöffnet, die Fußspitzen mit der Tendenz, nach außen zu kippen. Die Arme liegen neben dem Körper, die Hände so gedreht, dass die Handflächen Richtung Körper und nach oben schauen. Eine besondere Zuwendung brauchen oft Kreuz und Nacken. Das Kreuz sollte unbedingt auf dem Boden aufliegen. Wer feststellt, dass das Kreuz noch weit vom Boden entfernt ist, kann sich helfen, indem er feste Kissen oder zusammengefaltete Decken unter die Kniekehlen legt. Wenn nur noch wenig Raum zwischen Kreuz und Boden zu überbrücken ist, genügt ein flaches, weiches Kissen, das den Kreuzbereich schützt, aber auch nachgibt, wenn sich dieser während der Übung entspannt. Der Nacken wird etwas gedehnt: Der Hinterkopf wird nach hinten geschoben und das Kinn leicht Richtung Brustbein gezogen. Der Kopf ist dann richtig gebettet, wenn die Stirn etwas höher liegt als das Kinn. Ein kleineres, eher hartes Kissen oder eine zusammengefaltete Decke unter dem Hinterkopf kann auch hier die nötige Unterstützung bieten.

Zuwendung und Vertrauen: Die Entspannung darf einen festlichen Charakter besitzen. Wenn ich entspanne, gönne ich mir etwas und verwöhne meinen Körper: Ich verwöhne mich in meinem Körper. Dazu gehört auch, dass der Raum, in dem ich entspanne, dieses persönliche Fest unterstützt und begleitet. Er ist einladend, frei von unnötigen Verstellungen, sodass ich gern in ihm verweile. Die Decke – vielleicht eine Decke, die ich ausschließlich für die Zeiten der Entspannung und der Meditation benutze – markiert den Übungsort.

Von Zuwendung und Vertrauen lebt aber auch die Übung als solche, denn Entspannung bedeutet nichts anderes, als dass ich meine Aufmerksamkeit langsam und wohlwollend in die einzelnen Bereiche des Körpers lenke und in ihnen verweile. Die einzelnen Stationen fügen sich zu einem Gang durch den Körper. Die einzelnen Körperbereiche entspannen sich dank der Aufmerksamkeit, die ich ihnen schenke, als kämen sie mit einer wohltuenden Wärme in Kontakt.

Ich habe mir angewöhnt, diesen Gang durch den Körper in den Händen zu beginnen. Ich verweile sehr lange bei den Handflächen, ihrer Gestalt und ihrer Landschaft, und wandere mit meiner Aufmerksamkeit von den Handflächen aus in die übrigen Bereiche der Hand: in die einzelnen Finger, die Handkante, den Handrücken, die Handwurzel. Von dort wandere ich weiter in meine Arme hinein, schließlich bis hinauf zu den Schultergelenken. – Die Aufmerksamkeit, mit der ich durch den Körper wandere, ist ganz auf die Empfindungen ausgerichtet, auf die Signale der Nahsinne (s. S. 102f): Ich versuche zu registrieren, was mir die Hände zum Beispiel signalisieren und mitteilen. Da die Empfindungen als solche im Vordergrund stehen, brauche ich meinen Körper, etwa den Grad der vorhandenen Spannungen, auch nicht zu bewerten. Ich brauche nicht Stellung zu beziehen. Die Feststellung genügt. – Im Normalfall entspanne ich beide Hände und beide Arme gleichzeitig. Es ist aber durchaus möglich, zuerst die eine Hand und den einen Arm zu entspannen und erst dann auf die andere Seite zu wechseln. Das gilt auch für die Füße und Beine.

Nach den Händen, Armen und Schultergelenken lenke ich meine Aufmerksamkeit zu den Füßen und verweile sehr lange bei den Fußsohlen. Erst wenn ich die Empfindungen in den Fußsohlen gut wahrnehmen kann, wandere ich weiter in die übrigen Teile der Füße: in die einzelnen Zehen, den Fußrücken, die Ferse, das Fußgelenk. Von dort wandere ich in die Waden, die Knie, die Oberschenkel, die Hüften und den Beckenbereich.

Die Entspannung des Rückens kann sich gelegentlich als unerwartet schwierig herausstellen. Zum einen lässt sich die Schwierigkeit darauf zurückführen, dass der Rücken uns während des ganzen Tages aufrecht hält und stützt, und dies in oft unguten Haltungen, d. h. wir benutzen die vom Körperbau vorgesehenen Hilfen nicht. Zum andern hat dies damit zu tun, dass unser Rücken am Körpergedächtnis teilhat. Er reflektiert und speichert als körperliche Spannungsmuster, was wir an inneren spannungsvollen Erfahrungen durchgemacht haben. Ich fördere die Entspannung des Rückens, indem ich mir meinen Rücken in einer »aktiven« Rolle vorstelle: Er sucht den Boden, er kuschelt sich an den Boden, er sinkt in den Boden ein – wie auf einem Sandstrand. Er breitet sich auf dem Boden möglichst großflächig aus. Ich verweile sehr lange beim Kreuz und beim Bereich von Schultern und Nacken.

Ich wandere dann mit der Aufmerksamkeit über den Hinterkopf und die Kopfhaut nach vorne ins Gesicht: eine äußerst vielgestaltige Partie unseres Körpers. Ich versuche, von innen her das Gesicht zu »ertasten« und die Empfindungen, die vom Gesicht übermittelt werden, wahrzunehmen. Wenn wir unsere Wahrnehmung verfeinern, kann uns bald bewusst werden, dass wir oft über unserem Gesicht ein weiteres, aufgesetztes Gesicht tragen: das Gesicht, das wir in bestimmten Berufs- oder Lebenssituationen zeigen müssen, das Gesicht, das von uns erwartet wird. Und unser eigenes Gesicht droht unter ihm wie unter einer festsitzenden Maske zu ersticken. Die Maske kann sich anhand von kleinen Spannungen und Verfestigungen der Gesichtsmuskulatur bemerkbar machen. Ich verweile im Gesicht, bis sich *mein Gesicht* einstellt.

Schließlich wandere ich mit meiner Aufmerksamkeit auch zur Vorderseite des Rumpfes: zum Hals, Brust-, Bauch- und Beckenbereich. In diesen Körperzonen achte ich vor allem auf das Spiel des Atems mit dem Körper. Ich spüre jenen Stellen nach, an denen ich die rhythmische Bewegung des Atems wahrnehmen kann, und lasse mich von diesem regelmäßigen Rhythmus in eine ausgeglichene Ruhe hineinschaukeln. – Auch der Atem hat ja etwas von Zuwendung, wenn er sich mir zuspielt und mich bewegt.

Wenn Menschen, die mit der Entspannung nicht vertraut sind, hören, in welchem Ausmaß sie sich nun über ihren Körper mit sich selbst beschäftigen sollen, weichen sie vor dieser Anforderung aus, indem sie auf wichtigere Bereiche als den Körper verweisen, auf Gefühle, Gedanken, Visionen … Ihnen ist zu wünschen, dass sie möglichst bald auf ein ausführliches Buch oder einen anschaulichen Film über die Anatomie und die Physiologie stoßen und ihren Körper wieder staunens- und liebenswert finden.

Den Gang durch den Körper, die Entspannung durch Zuwendung, habe ich auf möglichst einfache Art beschrieben. Immer wieder gibt es Menschen, die ihre Verleiblichung auf besondere Art und Weise leben müssen: Sie werden von einer schmerzhaften Krankheit oder einer Behinderung bedroht, gerade deshalb geht ihnen die Gültigkeit der sinnenhaften Erfahrungen bis ins seelische und spirituelle Erleben hinein als ein großes Glück auf. Meistens sind es solche Menschen, die die besondere Bedeutung des Körpers mit Worten hervorzuheben vermögen.

Das Gedicht *Dein Körper* von Magdalena Rüetschi[8] besitzt für mich einen solchen Gehalt:

DEIN KÖRPER
Dein Körper
ein Haus

auszublenden
die andere Welt
dein Leben
darin
zu formen
mit Lehm
die Figur
den verborgenen Gott.

Das Gedicht lebt von drei bildhaften Aussagen. – Gerade weil sie bildhaft sind, bleiben die Aussagen inhaltlich offen und wecken bei der Lektüre je nach Lebenshintergrund verständlicherweise verschiedene Assoziationen.

Das erste Bild verknüpft den Körper mit unseren Erfahrungen rund um das Haus. In was für einem Haus sind wir aufgewachsen? Waren und sind wir glücklich in dem Haus, in dem wir zur Zeit wohnen? Schätzen wir an einem Haus, dass es uns Geborgenheit schenkt, oder ziehen wir ein Haus vor, das offensteht: zum Garten, zur Umgebung, zur Nachbarschaft? Brauchen wir ein Haus für uns allein oder ist es uns in einem Haus nur dann wohl, wenn wir es mit anderen teilen können? Fragen, die die bildhafte Aussage unbeantwortet lässt.

Für mich schwingt im Bild des Hauses unausgesprochen ein Element mit, das ich im Rückbezug des Bildes auf den Körper wesentlich finde: Ein Haus wird bewohnt, in ein Haus ziehe ich ein und ein Haus kann ich, ja muss ich, auch wenn es ganz und gar zu meinem Haus geworden ist, eines Tages wieder verlassen.

Das zweite Bild nuanciert das erste: Das Haus schützt mich vor der »anderen Welt«. Auf den Körper übertragen: In diesem Lebensraum lerne ich mich abzugrenzen und finde zu mir. Während meine Gedanken und Ideen leicht beeinflussbar sind und bis zur Unkenntlichkeit den gerade aktuellen Trends gleichen können, gelange ich in der Verkörperung zu mir.

Das dritte Bild setzt das zweite Bild fort und begründet es, indem es erläutert, was sich im Schutz und in der Abgeschiedenheit des Hauses abspielen kann: die Gestaltung des eigenen Lebens. Das Bild greift die künstlerische Tätigkeit einer Keramikerin auf. Mit dem erdig vorgegebenen Material wird eine sichtbare Figur gestaltet.

Die Wortwahl des Gedichts erinnert mich an die fast dreitausendjährige Schöpfungserzählung, die im zweiten Kapitel der *Genesis* steht.[9] Nach der damaligen Vorstellung hat Gott den Menschen aus Erde geformt, und zwar so erdig, dass das hebräische Wort für Mensch *(adam)* klanglich mit dem Wort für Erde verwandt ist. Im Gedicht ist es der Mensch selbst, der seinem Leben erdige Gestalt gibt.

Das dritte Bild erhält am Ende des Gedichts eine überraschende Wendung: Die erdige Figur, die wir im Raum unseres Körpers und mit dem Material unseres Körpers gestalten, ist nicht nur der Ausdruck unseres Lebens, sondern zugleich die in uns verborgene Gottesgestalt. Dadurch und in dem Maße, wie wir im Raum des Körpers unser Leben gestalten, kann Gott aus seiner Verborgenheit hervortreten.

Im Sinne des Gedichts scheint es mir wichtig zu sein, bei der Figur des verborgenen Gottes die Vorstellung nicht auf bekannte und überlieferte Gottesbilder männlicher oder weiblicher Ausprägung zu lenken. Die Gestalt des in uns verborgenen Gottes ist noch nirgends abgebildet. Sie ist erst im Entstehen.

Das Gedicht *Dein Körper* von Magdalena Rüetschi eröffnet in der Abfolge seiner Bilder einen neuen Horizont für die

Entspannung: Bereits in der ganz einfachen Entspannungsübung, wie sie in diesem Kapitel beschrieben worden ist, lassen wir uns auf die entscheidenden Schritte der spirituellen Entwicklung ein. Dabei genügt es, die Übung zu vollziehen; die spirituelle Dimension der Leibesarbeit, wie das Gedicht sie deutlich macht, muss sich in der Übung selbst noch gar nicht zeigen. Es genügt, wenn sie am Horizont aufleuchtet. Es wäre sogar hinderlich, wenn sie in der Übung sofort als Ziel angegangen würde. Es handelt sich um eine Dimension, über die wir nicht einfach verfügen können; sie erschließt sich allmählich, oft im Nachhinein.

Die Entspannung der Gedanken und Gefühle

Wenn wir uns hinlegen und entspannen, so ist die Entspannung des Muskeltonus nur die eine Seite der Übung. Um in eine echte Stille zu gelangen, braucht es auch die Entspannung auf der Ebene der Gedanken und Gefühle, von denen schon zu Beginn die Rede war.

Ich möchte verhindern, dass beim Lesen falsche Vorstellungen einer »idealen Entspannung« aufkommen, und deshalb betonen: Die Gedanken und Gefühle können zwar stillgelegt werden, doch der innere Strom von Gedanken und Gefühlen bricht nie ab. Das heißt: Entspannung auf der Ebene der Gedanken und Gefühle bedeutet, dass wir in und durch die Übung eine Art Sicherheitszone zwischen uns und diesem Strom schaffen. Es ist eine Erfahrungstatsache, dass wir durch unsere Gedanken und Gefühle bestimmt werden; sie manifestieren sich in unserem Verhalten, auch wenn wir dies nicht wollen. Eine Sicherheitszone zu schaffen ist nichts anderes, als einen Freiraum zu gewinnen, dank dem wir wieder bestimmen können, welche Gedanken und Gefühle bei uns ankommen sollen und welche nicht. Verschiedene spirituelle Traditionen sowohl des Ostens als auch des Westens sprechen davon, dass in den Entspannungs- und Meditationsübungen ein innerer Beobachtungsposten entstehen kann und wir durch diese nicht urteilende Beobachter-Instanz ein neues Selbstgefühl entwickeln: Wir lernen zu unterscheiden zwischen uns und unseren Gedanken beziehungsweise unseren Gefühlen.

Im Gespräch mit östlichen Lehrern habe ich ein Bild mitbekommen, das mir jahrelang geholfen hat, immer wieder diese Sicherheitszone aufzubauen: Ich schwimme in einem Fluss, genieße das Wasser und lasse mich von seiner Strömung treiben. Ich bin eins mit dem Fluss. Und während ich schwimme, gelange ich zu einer kleinen Insel mitten im Fluss. Ich gehe an Land. Ich setze mich ans Ufer und betrachte den Fluss, der vorbeizieht …

Dieses Bild beschreibt, was mit Sicherheitszone und mit Beobachter-Instanz gemeint ist: Ich steige aus dem Gedankenstrom und rette mich aufs »Trockene«. Ich verwechsle mich nicht mehr mit meinen Gedanken und Gefühlen. Ich lasse sie an mir vorbeiziehen und schaue sie an. Ich bin nicht mehr eins mit ihnen.

Da ich beruflich viel unterwegs bin, und zwar meistens mit der Bahn, hat dieses traditionelle Bild in mir ein anderes Bild entstehen lassen, das wie jeder bildhafte Vergleich nur in einzelnen Punkten aufgeht: Ich fahre mit der Bahn, mit einem dieser Express- oder Hochgeschwindigkeitszüge, sitze bequem am Fenster und nehme wahr, was draußen vorbeizieht. Ich sehe Landschaften, Bahnhöfe, Städte, Dörfer, Menschen; Dinge, die mich anziehen, Dinge, die mich abstoßen. Eine Reaktion meinerseits auf das Wahrgenommene erübrigt sich, denn die Bahn hält nicht an – und sie mit einer Notbremsung zu stoppen, kann ich mir finanziell nicht leisten. Ich sehe die Realität außerhalb des Wagens, ich nehme sie wahr, kann das aber nicht mit mir, der ich im Wagen sitze, verbinden: Es ergibt sich daraus kein Zusammenhang mit mir, es wird daraus keine Geschichte, in der ich eine Rolle spiele.

Unsere Gedanken und Gefühle verlieren ihre bestimmende und prägende Kraft, wenn wir uns aus ihnen zurückziehen, sie nicht mehr für uns inszenieren, sondern eine »Außenposition«, die Position eines Beobachtenden, einnehmen. – Auch die folgende Notiz, sie stammt vom Dichter Christian Morgenstern, zielt in dieselbe Richtung: »Von sich zurücktreten wie ein Maler von seinem Bilde – wer das vermöchte!«[10]

Beide Bilder, das Bild von der Insel im Strom und das Bild von der Bahnfahrt, machen den Übungscharakter deutlich;

denn früher oder später werde ich die Insel ja wieder verlassen, mich im Strom treiben lassen oder gegen den Strom anschwimmen, früher oder später erreiche ich das Ziel meiner Bahnfahrt, ich gebe meinen Platz am Fenster auf und begebe mich in den Betrieb des Bahnhofs.

Wenn wir entspannen, ist es die Wahrnehmung der Empfindungen rund um die Atmung, die uns hilft, die Sicherheitszone herzustellen. Je stärker wir die Aufmerksamkeit auf die durch die Atembewegung ausgelösten Empfindungen richten, desto mehr treten die üblichen Gedanken und Gefühle in den Hintergrund.

Im Rahmen des Hatha-Yoga habe ich zwei Möglichkeiten der Atembeobachtung kennengelernt: Ich kann die Sensibilität der Atmungsorgane fördern, sodass ich an verschiedenen Stellen der Atmungsorgane das Vorbeifließen der Atemluft wahrnehmen kann. Oder ich achte auf die Empfindungen, die mir signalisieren, wie der Atem den Körper bewegt, sei es an seiner Oberfläche, sei es in seinem Innern. Bei der ersten Möglichkeit kann die Sensibilität etwa im Bereich der Nasenflügel, im Innern der Nase, im Rachenraum, im Kehlkopf und bei den Verästelungen der Bronchien gefördert werden. Bei der zweiten Möglichkeit achtet man vorerst am besten auf jene Stellen an der Oberfläche des Rumpfes, die sichtbar im Atemrhythmus mitschwingen, wie etwa die Brust, die Rippen, die Bauchdecke, und erkundet, ausgehend von ihnen, weitere Stellen im Innern des Rumpfes, die ausgeprägt oder nur ganz fein die Atembewegung reflektieren.

Wir sind leistungsbetont und bringen sehr schnell unseren Willen mit ins Spiel. In der Atembeobachtung aber sollte der Wille nicht mitspielen. Wir beobachten den Atem nicht, um ihm eine bestimmte Gestalt oder einen vorgegebenen Rhythmus aufzuerlegen. Es geht bei der Entspannungsübung ausschließlich darum, die durch den Atem ausgelösten Empfindungen wahrzunehmen. – Wer Atmungstechniken kennt, die möglicherweise bei Leistungsanforderungen etwa im Rahmen des Sports hilfreich sein können, sollte sie im Hinblick auf die Entspannung vorübergehend vergessen.

In der Wahrnehmung des Atems kann sich eine neue Erfahrung einstellen: Das Vertrauen und die Zuwendung, mit der wir entspannend auf unseren Körper eingegangen sind, wird uns nun durch den Atem geschenkt. Ruth Rufer, eine Atemtherapeutin, kreist in ihrem Buch *Lebendig im Atem* immer wieder um diese Erfahrung:

»Mein Gewicht dem Boden zu überlassen und darin die Sicherheit seiner tragenden Kraft zu erleben, kann ich nie genug üben. Es ist die Grunderfahrung, auf der jedes weitergehende Vertrauen aufbaut: Das Vertrauen zum Boden überträgt sich allmählich auf meinen ›leiblichen Boden‹ – auf den unteren Raum von Becken, Beinen und Füßen.

›Ich lasse meinen Atem kommen, ich lasse meinen Atem gehen und warte, bis er von selber wieder kommt.‹ (Ilse Middendorf)

Im Erlebnis meines zugelassenen Atems kann neues Vertrauen entstehen; nämlich dann, wenn ich gewahr werde, dass mir mein Atem in absoluter Zuverlässigkeit geschenkt wird; wenn ich wahrnehme, dass ich in den Zyklus alles Lebendigen eingebunden bin. Jetzt kann ich mein Getragenwerden nicht nur in der Übungssituation erfahren, sondern Tag und Nacht, zeit meines Lebens als unumstößliche Gewissheit.«[11]

Die durch die Wahrnehmung des Körpers erreichte Entspannung gewinnt eine neue Qualität, wenn es uns gelingt, den Atem zuzulassen, ihn frei fließen zu lassen. – Was sich so leicht in ein paar Worten ausdrücken lässt, setzt aber meistens einige Jahre regelmäßiger Übung voraus. Und die Übung besteht in nichts Geringerem als dem Verabschieden der Gedanken und Gefühle. – Es handelt sich um eine gegenseitige Beeinflussung. Wenn ich den Atem wahrnehme und mein Bewusstsein mit dieser Wahrnehmung beschäftige, entsteht die Sicherheitszone, von der vorher die Rede war. Und je ausgedehnter sich diese Sicherheitszone zwischen meine Beobachter-Instanz und die Gedanken und Gefühle schiebt, desto mehr wagt der Körper, die durch die Gedanken und Gefühle geprägten Spannungsmuster freizugeben, desto unverstellter bietet sich der Körper dem Atemstrom als Raum an.

Dass es in diesem Atem um mehr geht als um die bloße Atemluft, wird auch darin deutlich, dass in den biblischen Sprachen je nach Textzusammenhang im Wort für »Atem« weitere Bedeutungen mitschwingen: Wind, Geist, Seele, Leben ... Was sich mir im Atem mit aller Gewissheit zuspricht, ist nach den Erfahrungen dieser Sprachkulturen auch die kosmische Kraft des Windes, die Inspiration, ja das Leben selbst. Die einzelnen Atemzüge werden zu den kleinsten Einheiten, mit denen sich mir das Leben zumutet. Eine »Zumutung«, die ich oft als Geschenk, in gewissen Situationen aber auch als schmerzvolle Herausforderung erlebe.

Im zweiten Kapitel der *Genesis* erhält der menschliche Atem (Wind, Geist, Seele, Leben ...) eine beeindruckende Erhöhung: Was wir atmen, ist der Atem Gottes.

»Dann bildete Jahwe Gott den Menschen aus Staub von dem Erdboden und blies in seine Nase einen Lebenshauch. So wurde der Mensch ein lebendes Wesen.« (Gen 2,7)

Diese biblischen Sätze halten bildhaft fest, was zu einer beglückenden, aber auch erschreckenden Entspannungserfahrung werden kann: Was wir atmen, ist der Atem Gottes. Was wir ein- und wegströmen lassen, ist das Leben selbst. Wir sind dank dieser Atembewegung.

Ich sehe den eher kleinen Wohnraum des Ferienhauses noch vor mir; er diente unserer achtköpfigen Gruppe während einer Woche als Meditationsraum. Die Erinnerung an diesen Raum – die Flecken und Konturen an den Wänden, die von den abgehängten Bildern und weggestellten Möbeln sprachen – ist mir geblieben, weil mir hier zum ersten

Mal der zyklische Charakter der Atembewegung körperlich bewusst wurde. Atmend wurde mir klar: Ich nahm an einer Bewegung teil, die mit ihrem Rhythmus über mich verfügte, deren gegenläufige Bewegungsrichtungen sich ineinander verwoben und einander bedingten, und zwar in einem Maß, das auf meinen Wunsch, Einatmen und Ausatmen auseinanderzuhalten und als Einzelbewegungen wahrzunehmen, wenig Rücksicht nahm. Diese Bewegung stellte meine Lieblingsvorstellung von Bewegung radikal in Frage: nichts von einem Anfang, nichts von einem Ziel, nichts von einer zielgerichteten Kraft, die der Bewegung Sinn gab.

Der als zyklische Bewegung bewusst wahrgenommene Atem zieht uns in eine im Alltag selten zugelassene Erfahrung hinein: dass Wiederholung nicht Wiederholung ist. Die Atembewegung wiederholt sich zwar in relativ kleinen Zeiteinheiten und doch sind wir im jeweiligen Moment wieder eine andere, neue Person. Jeder Atemzug hat einen einmaligen Stellenwert, auch wenn er scheinbar den anderen Atemzügen zum Verwechseln ähnlich sieht. Ich brauchte mehrere Jahre, bis es mir gelang, Wiederholung nicht mehr als Routine zu sehen und einer Bewegung zu vertrauen, die ich nicht nach meinem Willen gestalten konnte, die vielmehr mich bestimmte. Ich erkenne meine Atembewegung in jenen seltenen Momenten wieder, da ich am Meer stehe und die Wellen betrachte. Je länger ich ihnen zuschaue, desto deutlicher werden mir sowohl die Gleichförmigkeit der Wellen als auch die Einmaligkeit jeder einzelnen Welle.

Gelassenheit: Die Vergangenheit ist vorbei und die Zukunft ein Hirngespinst

Das Wort »Freizeit« ist mir unsympathisch geworden, seit es eine Freizeitindustrie gibt ... Viele Menschen haben Mühe mit der Freizeit als einer freien Zeit. Sie ist zu einem Zeitraum geworden, der für viele ebenso besetzt, ausgefüllt und von Leistungsdruck geprägt ist wie die Arbeitszeit. Die unterschiedlichsten Trends geben vor, wie die Freizeit auszusehen hat, sei es im Hinblick auf die neuesten Fitnesstechniken, sei es im Hinblick auf die Ferienorte, die im Trend liegen. Es geht oft gar nicht mehr um die Erholung, für die die Freizeit ursprünglich gestanden hat, sondern um den Nachweis, dass man auch jenen Freizeitverpflichtungen nachkommt, mit denen man dazugehört. Die Klage der Verantwortlichen in den Betrieben und der Lehrerinnen und Lehrer über die Müdigkeit der Mitarbeiter beziehungsweise Schülerinnen und Schüler, die nach einem »freien« Wochenende geschafft und unaufmerksam die Woche beginnen, ist bekannt.

Was in uns ist verloren gegangen, dass wir der freien Zeit ausweichen und sie wie etwas Bedrohliches vermeiden?

Ich kenne mich in der jüdischen Tradition und Lebensgestaltung nur wenig aus. Aber was mich, soweit ich davon weiß, schon immer beeindruckt hat, ist die große Bedeutung, die dem Sabbat, dem offiziell freien Tag, zukommt. Einen Tag in der Woche von allem, was mit Arbeit, Anstrengung, Verpflichtung zu tun hat, freihalten und diesen Freiraum, damit er auch Freiraum bleibt, auf Gott ausrichten!

Wenn mit der Dämmerung der Freitag seinem Ende zugeht, wird in den jüdischen Familien der Sabbat feierlich begrüßt; zu seiner Ehre werden die beiden Sabbatlichter, oft auch weitere Kerzen angezündet. In der Familie oder im

Rahmen eines Synagogenbesuchs wird bereits am Freitagabend gebetet, gesungen und gesegnet. Damit der Sabbat von jeglicher Arbeit freigehalten werden kann, braucht es eine bewusste Vorbereitung. Das Haus wird gereinigt, die Speisen werden schon am Tag davor zubereitet, Gegenstände, die zu den verbotenen Beschäftigungen verlocken könnten, werden aus dem Sichtfeld weggebracht. Aber wichtiger als alle Verbote ist die Entdeckung dessen, was der Freiraum des Sabbats ermöglicht:

»Die zahlreichen Verbote, die scheinbar die Freiheit einschränken, eröffnen in Wirklichkeit einen Freiraum für andersartige Beschäftigungen. Denn während der Woche besetzt der Mensch den Raum, während des *Schabbats* hingegen die Zeit; während der Woche setzt er seine Beziehung zu den Sachen ein, während des *Schabbats* die zu den anderen Menschen. Der *Schabbat* ist der Ruhe gewidmet, aber auch dem Studium, dem Gespräch, dem Spaziergang, dem Besuch von Freunden … Philosophischer, aber einfach ausgedrückt: die Entfernung der Objekte lässt eine Aufwertung des Subjekts zu, das heißt, des Menschen, der sich selbst und seinem Nächsten von Angesicht zu Angesicht begegnet. Die *Schabbatzeremonien* betonen […] diese soziale Dimension der Begegnung und der Tischgemeinschaft. […]

Wir haben schon mehrmals unterstrichen, dass der *Schabbat* ein Ruhetag ist. Er bedeutet genau genommen eine Unterbrechung der schöpferischen Tätigkeit; wir treten in die Leere ein, nicht um sie auszufüllen, sondern um eine Überfülle des Seins abzuwehren, die uns zu ersticken droht.«[12]

Mir gefällt es, dass die Menschen in der jüdischen Tradition ihr Bedürfnis nach freier Zeit und ihren Sinn, die Zeit zu feiern, selbstbewusst in Gott selbst verankert haben. Das alte Schöpfungslied ganz zu Beginn des Buches *Genesis* (Gen 1,1–2,4a) lässt Gott das gewaltige Schöpfungswerk in sechs Tagesetappen vollbringen und lässt ihn am siebten Tag ruhen. Das Lied betont, dass Gott diesen Wochenrhythmus als Auftrag weitergibt: Das erholsame Ruhen der Menschen ist ihm ein Anliegen.[13]

Die Zeit ausfüllen, die Zeit feiern – im Zusammenhang mit Entspannung bedeutet dies vor allem: im einzelnen Moment ankommen. Im Strom von Gedanken und Gefühlen, von dem schon öfter die Rede war, bewegen wir uns normalerweise auf mehreren Zeitebenen. Ich führe zum Beispiel mit irgendjemandem ein Gespräch. Ein Teil der inneren Aufmerksamkeit wird das Gespräch verfolgen und darauf achten, ob ich alles richtig verstehe, wird den Gesprächspartner beobachten, damit ich seine Erwartungen ahnen und meine Reaktionen auf sie abstellen kann – dieser Teil der Aufmerksamkeit bleibt also in der Zeitebene des Gesprächs. Aber der größere Teil meiner Aufmerksamkeit wird sich während des Gesprächs anderswo bewegen, in der Vergangenheit oder der Zukunft: Er gilt etwa der Mahlzeit, die mir noch im Magen liegt, und verkettet sich über die Mahlzeit mit der Einladung zu einer Party, die am kommenden Abend stattfinden wird und für deren Gastgeberin ich noch ein Buch kaufen will – sie liebt Krimis, einer ihrer Lieblingsromane wird demnächst als Film anlaufen, wie ich am letzten Sonntag im Vorprogramm des Kinos gesehen habe –, und auf der ich sicher wieder mit ihrem Bruder zusammentreffen werde, der mir schon einmal, vor vier Monaten, einen Abend vermiest hat …

Loslassen, was vergangen ist, aussparen, was noch Zukunft ist, und dem Moment trauen, der jetzt die Gegenwart ausmacht. Wenn ich entspanne, übe ich nichts anderes: Ich lasse mich, indem ich den Körper und die Atembewegung wahrnehme, auf den einzelnen Moment ein. Ich übe mich in einer neuen Zeiterfahrung: Nicht so sehr die Verknüpfung dieses Moments mit möglichst vielen anderen Augenblicken meines Lebens macht den einzelnen Moment wertvoll, sondern seine Eigenständigkeit; ich lebe ihn, als ob es vor und nach ihm keine anderen Momente geben würde.

»Zeit urbar machen«, hat Georg Christoph Lichtenberg[14] es genannt.

Die Zeit ausfüllen, die Zeit feiern: Im Zusammenhang mit Entspannung bedeutet dies aber noch zusätzlich, dass Entspannung nur gelingt, wenn sie zu einer besonderen Zeit wird. Solange wir die Entspannungsübung als eine weitere Beschäftigung den vielen anderen Beschäftigungen hinzufügen, haben wir ihren speziellen Wert noch nicht erkannt. Sie bleibt austauschbar und wird früher oder später zugunsten anderer Beschäftigungen, die »spannender« sind, auch wieder aufgegeben. – Wenn wir entspannen, begeben wir uns auf eine Erfahrungsebene, die sich von den anderen Tätigkeiten unterscheidet.

Die Entspannungsübung kann sich mit den technischen Schritten zufriedengeben. Und sie wird ihre wohltuende Wirkung haben. Die Entspannung im tieferen Sinn – oder in der Anlehnung an die Sabbatvorstellungen: die Ruhe – stellt sich allerdings erst ein, wenn sich in uns, ausgelöst durch die technischen Schritte oder unabhängig von ihnen, das Einverständnis im Sinn einer grundsätzlichen Lebenshaltung entfaltet.

Ich bin einverstanden damit, dass ich nun in der Entspannung liege und den Boden unter mir spüre; einverstanden damit, dass jetzt meine Handflächen (Finger, Hände …) Mittelpunkt meiner Aufmerksamkeit sind; einverstanden damit, dass mein Atem unaufhörlich fließt. – Alle Schritte einer Entspannungsübung gewinnen an Gehalt, wenn wir sie von diesem Einverständnis aus vollziehen. Das in der Übung vollzogene Einverständnis hat allerdings die Tendenz sich auszudehnen, und dadurch wird es zu einer Herausforderung, die über die Übung hinausreicht. Denn kann ich auch einverstanden sein mit dem, was mich vor der Entspannungsübung beschäftigt hat? Kann ich mit meinem Leben einverstanden sein? Nicht nur ganz allgemein und insgesamt, sondern wirklich einverstanden mit den Unternehmungen, in die ich meine Kraft und meine Zeit investiert habe? Einverstanden mit dem, was während meiner Lebensgeschichte mit mir geschehen ist, sich mit mir abgespielt hat?

Es ist nicht leicht, zum eigenen Leben Ja zu sagen. Und doch bezeichnet genau dieses Ja den Anfang des spirituellen Wegs, eines Wegs, der ja nie bei null, sondern immer mitten in einem Leben beginnt.

Dieses Ja hat nichts mit Resignation, nichts mit einem Wegschweben in »karmische Gegebenheiten« zu tun, also mit dem Verzicht auf Verantwortung. Es hängt vielmehr mit der Einsicht zusammen, dass wir uns nur auf einer Basis weiterentwickeln und allenfalls verändern können, und diese Basis kann nur das bisher Gelebte und Erlebte sein. In der Zen-Tradition wird in diesem Zusammenhang die Wendung »Jeder Tag – ein guter Tag«[15] weitergegeben. Sie kann wie viele Weisheitsworte missverstanden und missbraucht werden, etwa als Augenwischerei in eigener Sache oder als willentliche Leistung positiven Denkens. Letztlich aber meint sie einfach: Jeder Tag besitzt in sich die Voraussetzungen, ein Tag, eine Etappe unseres spirituellen Wegs zu sein. Auch wer schwere und erschütternde Erfahrungen erleiden muss, darf davon ausgehen, dass sie die spirituelle Entwicklung nicht behindern. Die Wendung »Jeder Tag – ein guter Tag« ist geprägt vom Vertrauen in die menschliche Integrationsfähigkeit wie auch vom Vertrauen in die Sinnvorgabe des Lebens. »Jeder Tag« ist das Material, an dem und dank dem ich mich entfalte.

Auch die Jesus-Tradition[16] kennt Worte, die in ähnlicher Art dazu einladen, gelassen und vertrauensvoll den einzelnen Moment zu leben. Da diese Worte in den Evangelien oft im Zusammenhang mit der Naherwartung überliefert werden, das heißt eingebettet in die Vorstellung, dass es die Welt in der aktuellen Gestalt nur noch kurze Zeit, ein paar Monate, ein paar Jahre geben wird und Gott schon bald etwas ganz und gar Neues schaffen wird, besitzt ihr Wortlaut oft nicht mehr den Charakter einer spirituellen Einladung. Sie wirken bedrängend und für uns heute befremdend. Für mich nachvollziehbar ist aber das folgende Stimmungsbild – die Jesus-Tradition bezeichnet diesen und ähnliche Texte als Gleichnisse. Es hört sich an wie eine direkte Einladung zur Entspannung:

»Hat der Bauer gesät, so geht er nach Hause, legt sich nachts schlafen, steht morgens wieder auf – und das viele Tage lang. Inzwischen geht die Saat auf und wächst; wie, das versteht der Bauer selber nicht. Ganz von selbst lässt der Boden die Pflanzen wachsen und Frucht bringen. Zuerst kommen die Halme, dann bilden sich die Ähren, und schließlich füllen sie sich mit Körnern. Sobald das Korn reif ist, fängt der Bauer an zu mähen: dann ist Erntezeit.« (Mk 4,26–29)

Ich verstehe dieses Gleichnis als ein Stimmungsbild, das wiedergibt, wie es um einen Menschen steht, der sich bewusst dafür entschieden hat, sein Leben spirituell zu gestalten.

Das Stimmungsbild umfasst drei Zeitebenen. Der Augenblick der Entscheidung liegt zurück, wirkt aber hinein in die Gegenwart, deshalb das Bild der Aussaat. Der Augenblick der gültigen, abschließenden Erkenntnis, der Augenblick der Lebensvollendung, liegt in der Zukunft; für ihn gilt das Bild der Ernte. Und der gegenwärtige Augenblick ist geprägt durch eine eigenartige Passivität, die sich auf Tag und Nacht erstreckt – mir scheint, dass Jesus die Passivität, das Nicht-Verstehen des Bauern absichtlich betont –, Passivität deshalb, weil das eigentliche Geschehen, auf das es in dieser Entwicklung ankommt, dem Einfluss des Menschen entzogen ist.

Wenn ich entspanne, gebe ich der Übung oft den Charakter dieses »Bauernschlafs«: Ich vertraue darauf, dass gerade in den 20 bis 30 Minuten, in denen ich nicht aktiv bin, mich sogar aus allen Aktivitäten bewusst verabschiede, mein Leben wesentlich zur Geltung kommt. In den Empfindungen und Wahrnehmungen, die sich während der Entspannung einstellen, bin ich dem Leben auf der Spur, und zwar in der einmaligen Form, die es in meiner persönlichen Lebensgeschichte angenommen hat. Ich traue dem Leben und seiner, das heißt: meiner Ausprägung – und ich vertraue darauf, dass es sich vollenden wird.

Die Stille-Kostbarkeiten

Ich habe vom Javroz-Tal, von der Kartause La Valsainte und von meinen Wanderungen in diesem Gebiet erzählt. Diese Erfahrungen sind mir kostbar, nicht so sehr als Erfahrungen, die hinter mir liegen, sondern als Erfahrungen, die mir auch jetzt den Zugang zur Stille ermöglichen. Sie nehmen auf meiner Liste der Stille-Kostbarkeiten einen der vorderen Plätze ein. Ich habe mir in meinem Herzen tatsächlich eine solche Liste angelegt; die Rangfolge der auf ihr verzeichneten Kostbarkeiten kann sich ändern, aber ich bin froh um die gespeicherten und abrufbaren Erfahrungen. Eine solche Liste kann ich allen empfehlen, die der Stille und der Entspannung in ihrem Leben einen hohen Stellenwert zumessen möchten. Ich selber habe die Liste gegliedert in kostbare Orte, kostbare Personen und kostbare Worte. Ich kann mir aber vorstellen, dass sie bei anderen Menschen auch ganz anders aussehen kann.

Orte: Dazu zähle ich bestimmte Räume, die zu meinem alltäglichen Leben gehören, angefangen von der Leseecke im Wohnzimmer bis zum Meditationsraum unter dem Dach. Dazu gehören für mich auch Landschaften, Dörfer, Plätze, Bauten, die sich mir durch ihre Stimmung eingeprägt haben. Solche Prägungen können auf ein einmaliges Erlebnis zurückgehen, eine erneute Begegnung würde vielleicht alles andere als Stille vermitteln; in anderen Fällen wiederum habe ich den Ort schon mehrfach aufgesucht und seine Stille in unterschiedlichen Nuancen mitbekommen.

Ich lebe in einem Dorf, von dem aus ich in kurzer Zeit Landschaften erreiche, die für mich Stille ausstrahlen. Mit Stille meine ich nicht so sehr ausgestorbene Dörfer oder menschenleere Gegenden; was die Landschaften auszeichnet, ist die Stimmigkeit ihrer Proportionen. Berge, Seen und Flüsse schaffen einander Raum, ergänzen sich. Es geht von den Landschaften eine »Würde« aus, die den Menschen nicht braucht, ihn aber aufnimmt. Wenn ich mich in solchen Landschaften aufhalte und sie durchwandere, komme ich zur Ruhe. Ich werde in ihnen geringfügig, brauche mich aber vor dieser Geringfügigkeit nicht zu fürchten, weil sie mir in ihrer Würde gleichzeitig Geborgenheit schenken.

Einzelne religiöse Bauten, Kirchen, Moscheen, Tempel, haben mir eine unvergessliche Ruhe und Stille vermittelt – interessanterweise meistens in Momenten, da sie nicht benutzt wurden. Ich erinnere mich an die Marienkapelle in der barocken Klosterkirche Einsiedeln am frühen Morgen vor dem Ansturm der Pilger, zu einem Zeitpunkt, da der Ort noch nicht gefragt war. Ich erinnere mich auch an den Baukomplex von Sultan Beyazit II. aus dem 15. Jahrhundert in der Umgebung von Edirne in der Türkei, der Moschee, Krankenhaus, Bad, Krankenschule, Armenküche, Apotheke und Lagerräume umfasste, vor allem an den sechseckigen Behandlungsraum der ehemaligen »Psychiatrie«. Die mit Kuppeln überwölbten Nischen, die früher die Kranken aufnahmen, die in diesem Raum durch die Klänge der Musik, das Rauschen des Wassers, die Düfte und Essenzen der Pflanzen geheilt wurden. Außer den Geräuschen eines Restaurators, der in einem Nebengebäude arbeitete, war nur Stille zu vernehmen; sie besaß etwas von der achtsamen Güte, mit der hier früher die Kranken gepflegt wurden. Und ich erinnere mich, um ein drittes Beispiel anzuführen, an eine Kapelle in den unteren Schichten der Domitilla-Katakombe in Rom, tief in der Erde, umgeben von einem kompakten Schweigen.

Alle diese Orte leben in mir. Wenn ich mich im Rahmen von Entspannungsübungen auf sie zurückbesinne, benutze ich sie nicht als innere Fluchtorte, an die ich mich aus der Realität wegstehle. Ich erlebe sie eher als Impulse, um auf die Stärke der Stille zu achten, die mir auch jetzt, in diesem konkreten Moment, zur Verfügung steht.

Sie sind mir aber nicht nur als innere Orte wichtig. Ich bin daran interessiert, dass diese Landschaften, Bauten und Kunstwerke in ihrem Charakter erhalten bleiben, damit auch andere in ihnen zur Stille finden.

Personen: In meinem Leben durfte ich mehrere Male Menschen begegnen, von denen eine beruhigende Stille ausging und in deren Nähe ich selbst still wurde. Ich spreche hier nicht von Langweilern, die bei mir ein Gähnen bewirken oder die Lust davonzurennen. Die Menschen, die ich meine, ältere Personen, aber auch Kinder, bieten eine Geborgenheit an, die vermutlich auf ihrem bewussten oder unbewussten Einverständnis mit dem eigenen Leben basiert. Es geht etwas Tröstliches von ihnen aus, das mit dem eigenen Leben versöhnt.

Ich sehe ihn noch in allen Einzelheiten vor mir, seine mittelalterliche Kleidung, sein Gesicht, das die Freude und Güte kaum zu fassen vermag, seine Augen und Hände, die nach den Worten suchen, die ihm in den letzten Jahren ausgegangen sind: einen vermutlich achtzigjährigen Mönch am Eingang eines Klosters. Er hat die größte Zeit seines Lebens in der Einsamkeit zugebracht. Bei unserem Gespräch besitzen die Pausen am meisten Gewicht. Die wenigen Worte, die sich einstellen, kommen von weither und haben auf ihrem Weg an Bedeutung verloren.

Worte: Es ist in diesem Buch immer wieder von Stille und Schweigen die Rede. An vielen Stellen wird die Sprache kritisiert und als einengende Prägung verabschiedet. Die Entspannung und die Meditation versuchen in einem gewissen Sinn tatsächlich, sich der Sprache zu entziehen. Und doch gilt gleichzeitig auch: Worte, Sätze, Gedichte, Erzählungen, Geschichten, Überlegungen, Konzepte können, wenn sie authentisch sind, eine große Lebensintensität ausstrahlen. Solche Worte zu sammeln, schließt die Stille nicht aus, denn gerade solche Worte führen in die Stille. Sie brauchen die

Stille, damit sie entstehen und sich entfalten können. Magdalena Rüetschi, von der das Gedicht *Dein Körper* stammt, bezeichnet sie in einem ihrer Gedichte als die lebendigen Worte (s. S. 86).

Während einer strengen Übungswoche im Stil der Zen-Meditation sprechen die Teilnehmer und Teilnehmerinnen nicht miteinander, auch der Austausch zwischen dem Leiter oder der Leiterin und den Teilnehmenden wird auf das Nötigste reduziert: den einen oder anderen kurzen Vortrag und die persönliche Beratung während der Meditationszeit. Und als Teilnehmender werde ich zudem angehalten, meinen Gedankenfluss zu kontrollieren und abzubauen, und zwar sowohl während der Meditationsübungen und Haus- beziehungsweise Gartenarbeiten als auch in der spärlichen Freizeit. Konkret heißt dies auch: keine Lektüre.

Dies wusste ich und hatte doch den dreiteiligen Roman *Baur und Bindschädler* von Gerhard Meier im Gepäck. Die kurzen Lektüremomente bauten in mir eine eigenartige Spannung zum Meditationsgeschehen auf: Auf der einen Seite mein Bemühen, von der Sprache loszukommen, auf der anderen Seite die Feier der erinnernden Sprache, die Lebensgeschichten rettet, weil sie sie dem Vergessen entreißt und erzählend ihnen noch einmal Leben schenkt. – Ich war und bin mir bis heute nicht im Klaren, ob die dichterische Sprache dem Schweigen entgegensteht. Stammt sie nicht vielmehr aus der Stille der Wortsuche und lässt sie im gefundenen Wort mit aufklingen?

Von der Zeit, vom Rest und von unserer Ungefälligkeit

Formulae
I.
So richtig Zeit nimmt sich nur
wer keine mehr hat.
Wer Zeit genug hat
braucht sich keine zu nehmen.

II.
Jeder Mensch ist eine Rechnung
die nicht aufgeht.

Was fangen wir mit dem Rest an?

Die höchsten Kunstwerke sind
schlechthin ungefällig.

Die *Formulae*[17], vier kurze Gedichte, hat Franz Fassbind an den Anfang seiner »Alterslyrik« *Ohne die alten Kniffe* gestellt. Die ersten beiden der vier Gedichte sollen die Überlegungen zur Entspannung abschließen. Da sie von der Fähigkeit des Dichters leben, mit Worten spielerisch umzugehen, im Spiel neue Bedeutungen freizulegen und zwischen den Bedeutungen Raum zu lassen, eignen sie sich dafür gut.

Das Spiel beginnt bereits mit dem Titel *Formulae*. Das lateinische »formula« kann Formel, Regel, Grundsatz, aber auch Vertrag, sogar Steuerformel bedeuten. Im Zusammenhang der Gedichte klingt die Bedeutung an: eine Lebenserfahrung auf eine Formel bringen. Ich höre im Titel aber auch: Im Sinn der folgenden Einsicht kann ich mit meinem Leben einen Vertrag eingehen.

Sie haben bisher im Buch gelesen und möglicherweise die eine und andere Entspannungsübung aus dem letzten Teil, dem Übungsteil des Buches, vollzogen. Haben nicht gerade diese Übungen den Charakter von Formeln? Entscheidende Lebenserfahrungen, die uns in der Hektik und Komplexität des Alltags nicht mehr gelingen wollen, finden in ihnen eine Kurzformel. Als solche ermöglichen sie einen neuen Zugang zur Erfahrung. Aber wir dürfen nicht bei der Formel bleiben. Sie muss sich zugunsten des alltäglichen Lebens wieder auflösen: Erst wenn Ihr normales Leben, Ihr Berufsalltag und Ihre vielseitigen Beziehungen, an Entspannung und Stille gewonnen haben, haben Sie die Formel richtig gelesen …

Das erste Gedicht spielt mit den doppelsinnigen Formulierungen »sich Zeit nehmen« und »Zeit haben«. Es deckt mit diesem Spiel auf, dass wir normalerweise von einer falschen, d. h. versachlichten Vorstellung einer messbaren Zeit ausgehen.

Sich Zeit nehmen: Hole ich irgendwoher Zeit? Gibt es irgendwo einen Zeitvorrat, den ich anzapfen kann? Oder stehle ich mir selber die Zeit, die für mich vorgesehen war?

Zeit haben: Ist die Zeit etwas, das es unabhängig von mir gibt, wie ein Gegenstand, über den ich verfügen kann? Oder entsteht Zeit nicht gerade dadurch, dass ich lebe, atme, wahrnehme? – In den unterschiedlichen Yoga-Traditionen Indiens bin ich im Zusammenhang mit Pranayama-Techniken auf die Vorstellung gestoßen, dass jedem Menschen das Leben vorgegeben ist, und zwar in einer genauen Anzahl von Atemzügen. Das Fazit dieser fatalistischen Ansicht ist allerdings klug: Wer langsam, tief und bedächtig atmet, dehnt die ihm vorgegebene Lebenszeit aus …

Das erste Gedicht thematisiert unser Ringen um das richtige Verständnis von Zeit und den richtigen Umgang mit Zeit, spielt mit Wendungen, die wir einsetzen, wenn wir uns in unserem Zeithaushalt vertan haben, und deckt so auf, dass wir im Tiefsten um den einmaligen Wert unserer Zeit Bescheid wissen: Wir haben »Zeit genug«: unser eigenes Leben. Über eine andere Zeit können wir nicht verfügen.

Das zweite Gedicht ist mir im Laufe der Jahre wichtig geworden, weil es meinen Drang nach Perfektionismus liebevoll in Frage stellt: Ich brauche nicht »aufzugehen« … Ich erinnere mich noch an die Unsicherheit, die in mir, dem fleißigen Schüler, aufkam, als im Heft die Rechenaufgaben nicht mehr aufgingen, als ein Rest blieb. Hatte ich nun falsch gerechnet, war ich in eine Falle geraten, hatte ich eine Lösungsmethode vergessen oder durfte das sein?

Entspannung und Entspannungsübungen sind für unser Leben zwar zentral, aber gerade sie können nicht mit jenem Eifer und jenem Leistungsdenken angegangen werden, mit denen wir vieles anpacken und erledigen. Sie setzen einen feineren, einfühlsamen Eifer voraus; sie verlangen einen Einsatz, der oft nur Schutz bietet, damit im Rahmen dieses Schutzes sich das Entscheidende ereignen kann. Dieses Entscheidende ist aber nicht mehr machbar.

Für die letzten beiden Zeilen bin ich Franz Fassbind besonders dankbar: zum einen, weil er mich, uns Menschen, zu den »höchsten Kunstwerken« zählt, zum andern, weil er uns auf die Gefahr der Gefälligkeit aufmerksam macht, die Gefahr des Kunsthandwerks, die Gefahr des Machbaren. Wir sind, mit dem Fertigen und Unfertigen unserer Lebensgeschichte, ungefällig, aber gerade so auch an einem großartigen Kunstwerk beteiligt.

Dass unser Leben nicht aufgehen muss und Fragen bleiben, kann unserem Bemühen um Entspannung weiterhelfen. Es bereitet uns zudem auf die Meditation vor, in der wir ebenfalls der Gefälligkeit nicht in die Falle gehen dürfen. Denn in der Meditation geht es um das Bewusstsein für unsere Verbundenheit mit Gott.

Meditation – der Stille vertrauen

Die Meditation als innerer Stille-Raum

Die Meditation ist im Grunde genommen ein ähnliches Geschehen wie die Entspannung. Was sie von der Entspannung unterscheidet, ist das Element der Struktur – oder wie es oft auch ausgedrückt wird: das Element der Disziplin. Während bei der Entspannung alles dem Loslassen dient, steht bei der Meditation das Loslassen selbst im Dienst, und zwar im Dienst des inneren Vertrauens. Wenn wir über die »technischen Schritte« hinausschauen, kommen noch weitere Faktoren hinzu, die die Meditation von der Entspannung unterscheiden. Die Entspannung will verhältnismäßig kurzfristig körperliche Spannungen und Stresssignale auflösen oder zumindest abbauen. Die Meditation ist »langfristig« angelegt: Sie will im Laufe der weiteren Lebensjahre die Grundausrichtung eines Menschen neu orientieren. Oder religiös gesprochen: Sie will dem Menschen helfen, seine ursprüngliche Grundausrichtung auf Gott wiederzufinden, eine Neuorientierung, die nur zum Teil in den Händen des Menschen liegt, zum größeren Teil stellt sie sich geschenkhaft ein.

Das Element der Struktur beziehungsweise der Disziplin wird darin sichtbar, dass wir bei der Meditation sitzen und nicht liegen, uns also nicht passiv der formenden Kraft der Erdanziehung überlassen, sondern uns bewusst gegen sie aufrichten. – Es gibt auch die Meditationshaltungen des Stehens und Gehens. Von ihnen wird später die Rede sein. – Die richtige Sitzhaltung ist entscheidend für das Gelingen der Meditation.

»Gelingen der Meditation«: Vorweg möchte ich betonen, dass es Meditationserfahrungen gibt, die ohne jede Anstrengung und ohne jede technische Hilfe zustande kommen, Meditationen, die sich ergeben, Momente einer überraschenden Intensität. Von solchen geschenkten Meditationen, die uns unabhängig von der Disziplin, der Struktur beziehungsweise von den das Meditieren fördernden Umständen erfüllen können, spreche ich hier nicht. Es geht hier um die Meditation als Übungsweg: Wenn jemand regelmäßig meditieren möchte, ist die Sitzhaltung eine entscheidende Hilfe.

Um Erfahrungen zu deuten, habe ich schon öfter das Bild vom Raum eingesetzt. Dieses Bild kann auch vermitteln, was mit der richtigen Sitzhaltung gemeint ist. Wir sollten so sitzen, dass alles in uns körperlich seinen Raum bekommt, ja dass wir unseren ganzen Raum einnehmen. Eine Körperhaltung, bei der wir uns selbst unter Druck setzen oder uns kleiner machen, als wir sind – eine Haltung, bei der wir uns »verdrücken« –, entspricht der Meditation nicht.

Die aufrechte Haltung wird dann nicht zur quälenden Anstrengung, wenn wir das Becken so aufrichten, dass es auf den Sitzhöckern ruht. Die Haltung des ganzen oder halben Lotussitzes, unterstützt durch ein hartes Sitzkissen, und die Haltung des Fersensitzes fördern die korrekte Haltung des Beckens und dadurch des Rückens. Bei vielen Meditierenden wird der Druck auf die Fußgelenke durch ein Meditationsbänkchen, eine zusammengefaltete Decke oder ein hartes Sitzkissen aufgefangen. Wer sich auf einem normalen Stuhl einrichtet, kann die Sitzfläche mit Hilfe eines Keilkissens oder einer Decke zu einer leicht ansteigenden Sitzfläche umgestalten und sich auf diese Art das Sitzen erleichtern. Man sollte auf dem Stuhl, wenn möglich, auf die Lehne verzichten und sich die Struktur des aufgerichteten Rückens ohne Rückenlehne zumuten.

Ich beginne jede Meditation mit einem Gang durch den Körper, ähnlich wie ich dies im Zusammenhang mit der Entspannung ausführlich beschrieben habe (s. S. 23–25). Es ist mir wichtig, im Körper zu sein. Ich lenke meine Aufmerksamkeit zuerst in die offen daliegenden Handflächen, von ihnen ausgehend erspüre ich die Finger, die Handrücken, die Handgelenke, die ganzen Hände. Von den Händen wandere ich mit meiner Aufmerksamkeit weiter in die Arme, hinauf bis zu den Schultergelenken.

Dann setze ich neu bei den Fußsohlen an, erspüre ausgehend von ihnen auch die Zehen, die Fußrücken, die Fersen, die Fußgelenke, die ganzen Füße. Von den Füßen wandere ich mit meiner Aufmerksamkeit weiter in die Beine, hinauf bis in den Beckenbereich.

Der dritte Ansatzpunkt ist das Kreuz. Ausgehend vom Kreuzbein erspüre ich meinen Rücken. Ich lasse mir die Wirbelsäule in ihrer ganzen Länge bewusst werden, d. h. bis hinauf in den Nacken und den Atlas, den obersten Wirbel, der den Kopf trägt, aber auch die Breite des Rückens. Mein Erspüren des Rückens hat oft den Charakter der Solidarität: Ich stütze den Rücken in seiner Aufgabe, mich zu stützen. Ich unterstütze ihn mit meinem Wunsch, mich aufzurichten.

Vom Nacken und Hinterkopf aus wandere ich mit meiner Aufmerksamkeit über die Kopfhaut nach vorne ins Gesicht. Ich vergegenwärtige mir mein Gesicht »von innen her«, ich fülle es aus und mache es mir zu eigen. Und ausgehend vom Gesicht erspüre ich die Vorderseite des Rumpfes, Brust, Oberbauch, Unterbauch, Becken; ich lenke meine Aufmerksamkeit auf die Empfindungen auf der Vorderseite des Rumpfes.

Der Gang durch den Körper dient meiner Sammlung und bereitet mich darauf vor, dass mich das Geschehen der Meditation ganzheitlich ansprechen, in meinem Körper Raum bekommen kann. Er ist der erste der drei Grundschritte, die ich mir in den letzten Jahren als Einstieg in die Meditation zurechtgelegt habe. Oft bleibe ich, ohne es zu wollen, bei diesem Grundschritt stecken, sei es, dass mich Gedanken und Gefühle immer wieder ablenken und ich die Aufmerksamkeit stets von Neuem auf den Körper zurücklenken muss, sei es, dass sich in bestimmten Körperzonen Sinneseindrücke so intensiv melden, dass mein Bewusstsein davon ganz erfüllt wird.

Dies kann bereits bei den Händen geschehen. Normalerweise lege ich die Hände offen auf die Oberschenkel; mit Daumen und Zeigefinger forme ich einen Kreis. Ich erinnere mich aber auch an Meditationen, da mir die Hände den Eindruck einer Schale vermittelten und in mir die Sehnsucht weckten, Gefäß zu sein. Andere Male wurden meine Hände lebendig, fast flüssig, als ob sich ihre Konturen auflösen würden; ich erlebte einen Austausch zwischen den Händen und dem Raum um mich herum. Es konnte auch geschehen, dass ich an das Gedächtnis meiner Hände rührte: Ohne dass sich meine Hände bewegten oder ihre Meditationshaltung aufgaben, teilten sie mir mit, wie ich sie in den vergangenen Tagen gehalten, eingesetzt, aber auch verweigert hatte. Aus diesen Impulsen wurden mir Lebenssituationen bewusst, über die meine Hände allem Anschein nach mehr wussten als ich. – Der Dichter Werner Lutz hat eine vermutlich verwandte Erfahrung mit den knappen Worten festgehalten:

> Unmerklich zu Zeit geworden
> meine Hände[18]

Ähnlich vielseitig erlebe ich das Einspüren in den Beckenbereich. Manchmal ist dieser Körperbereich voller Spannungen, sodass ich in ihm nicht zur Ruhe komme, mich in ihm kaum niederlassen kann. Oft aber wird mir das Becken auch zu einer weiten, tragenden Basis. Es schenkt mir eine Geborgenheit, ohne einzuengen. Ich kenne die Erfahrung, dass sich mein Becken mit der Sitzunterlage und mit dem Boden, der Erde zusammentat, verschmolz.

Im Alltag staune ich oft, wie wenig mir der Rücken gegenwärtig ist, als ob er irgendwo, weit hinter mir liegen würde. In der Meditation meldet er sich stärker: als Stütze und auch als Schutz. Auch der Rücken ist eine Körperzone, die meine Aufmerksamkeit in Beschlag nehmen kann und in mir Empfindungen und Gefühle aufsteigen lässt, die sich zu archaischen Bildern zusammenfügen. So mag es mein Rücken, aufgerichtet zu sein wie bestimmte Bäume oder Berge. Zur Zeit orientiert er sich an der fünfzehnjährigen Linde im Innenhof unserer Häusergruppe: Ihr schlanker Stamm und ihre Kraft, sich rundum zu entfalten, haben es ihm angetan.

Wenn meine Aufmerksamkeit im Gesicht stecken bleibt, hat es meistens mit Spannungen zu tun, die sich im Gesicht festgesetzt haben. Es ist, als ob meine Aufmerksamkeit ihren Fluss verlieren würde; sie muss durch das Aufgesetzte, Maskenhafte hindurch das echte Gesicht wiederentdecken, erst dann kann sie weiterwandern. Dieser Vorgang ist meistens mit starken Gefühlen verbunden, mit einem Glücksgefühl, wenn sich mein eigenes Gesicht wieder abzeichnet.

Die Vorderseite des Rumpfes, manchmal der Brustraum, manchmal der Bauchraum, kann sich intensiv melden, wenn es mir gut geht. Diese Körperzonen belegen meine Aufmerksamkeit eher gegen Ende der Meditation. Ich erlebe es jeweils als Ausdruck der inneren Sammlung und Überfülle, als ginge mein Körper auf Sendung, als suchte eine innere Quelle Wege nach außen. Diese Erfahrung ist mit einer tiefen Sicherheit verbunden.

Der zweite Grundschritt besteht in der bewussten Wahrnehmung der Atmung. Meistens achte ich zuerst auf den Atemfluss, auf die Stellen der Atemwege, an denen ich das Fließen der Atemluft wahrnehmen kann, z. B. bei den Nasenöffnungen, im Innern der Nase, im Rachenraum, im Kehlkopf, bei den obersten Verästelungen der Bronchien. Bei jedem Atemzug beobachte ich an allen diesen Stellen das Vorbeifließen der Atemluft.

Dieses innere Mitgehen mit dem Atemstrom bringt ein neues Element in das eher statische Sitzen: Ich werde bewegt und erlebe in meinem Atem die Bewegung des Lebens. Ein japanischer Zen-Meister versuchte mich vor etwa

25 Jahren zu überzeugen, dass ich meine Sensibilität für den Atemfluss so zu trainieren hätte, dass ich ihn auch an einer Stelle außerhalb des Körpers, etwa einen Meter vor meiner Nase, wahrnehmen könnte. Ich erwiderte seine freundlich insistierende Art damals mit einem ebenso freundlichen Eifer, konnte mir aber unter seiner Anweisung nichts vorstellen. Inzwischen ahne ich die Aufgabe dieser körperlich nicht mehr lokalisierbaren Beobachtungsstelle: Sie macht uns bewusst, wie sehr wir atmend an einer Bewegung teilhaben, die weit über uns hinausreicht. Während der Meditation realisiert sich diese Ahnung in der Empfindung, dass nicht mehr ich aktiv atme, sondern dass ich geatmet werde.

Neben oder im Anschluss an die Beobachtung des Atemflusses achte ich auf die Bewegungen, die durch den Atem im Körper ausgelöst werden. Auffällig und leicht festzustellen sind die Bewegungen an der Körperoberfläche: im Brustraum, im Bereich der Rippen, in der Zone zwischen den Rippen und dem Becken, im Bauchraum. Wenn jemand gut und entspannt sitzt, übertragen sich die Atembewegungen leicht auf den Körper. Mehr Aufmerksamkeit und Geduld in der Wahrnehmung verlangen die Bewegungen im Körperinnern. Aber auch sie sind wahrnehmbar. Je tiefer sich die Entspannung einstellt und je mehr sich die Wahrnehmungsfähigkeit verfeinert, desto bestimmender erscheint die Atembewegung: Ihre Kraft schwingt rhythmisch durch die Gewebe des Körpers.

Im Rahmen dieser der Atembewegung gewidmeten Aufmerksamkeit kommt es meistens auch zur Erkenntnis, dass auch das Sitzen nichts Statisches an sich hat. Eine verfeinerte Wahrnehmung registriert mit Hilfe der Nahsinne im Körper ein ständiges Ausbalancieren von Spannung und Entspannung, einen Ausgleich von miteinander vernetzten Spannungsmustern, ein Austarieren des Gleichgewichts.

Die Meditation lebt von der inneren Stille. Und diese stellt sich nur schwer ein. – Oft erleben Menschen, die zu meditieren beginnen, weil sie sich nach innerer Stille und Ruhe sehnen, eine große Ernüchterung. Enttäuscht stellen sie fest, dass sie in ihrem Kopf und in ihrem Herzen einem lärmigen Betrieb begegnen, der alle äußere Betriebsamkeit in den Schatten stellt. – Ich helfe mir dann mit einem weiteren, dem dritten Grundschritt. Wach und aufmerksam durchstreife ich meinen Körper und registriere, welche Empfindungen und Gefühlsregungen sich in den einzelnen Körperteilen und -zonen melden. Gelegentlich blitzen sie nur kurz auf und machen einer weiteren Empfindung Platz, manchmal bleiben sie und werden zu einer Grundstimmung, die einen kleineren oder größeren Raum einnimmt. Ich lasse sie alle unterschiedslos gelten, egal ob schmerzhaft oder unternehmungslustig, ob leer oder angstvoll, ob glücklich oder langweilig. Sobald ich irgendwo im Körper eine Empfindung oder Gefühlsregung wahrnehme, die von Entspannung, Ausgleich, Frieden oder Ruhe geprägt ist, schenke ich ihr meine ganze Aufmerksamkeit, schütze sie und lasse sie bewusst an Raum gewinnen. Auch wenn ich zwischendurch wieder von anderen Sinnesempfindungen und Gefühlen abgelenkt werde, kehre ich immer wieder zu ihr zurück. Dies führt dazu, dass mich diese Stimmung immer stärker ausfüllt, mich ausmacht, sich auf den ganzen Körper überträgt, der sie seinerseits wiederum verstärkt.

Ich erlebe mich dann in einem Stille-Raum, einem Raum, der den Körper ausfüllt, aber auch den Körper umgibt. Die Gedankenabläufe sind zwar nach wie vor vorhanden, aber blass, kraftlos und nichtssagend.

Neben der Sitzhaltung eignen sich für die Meditation auch das Stehen und das Gehen. Was vom Sitzen beziehungsweise von den drei Grundschritten gesagt wurde, gilt auch vom Stehen. Die Mischung von Struktur, aufrechtem Stehen und Entspannung wird dabei von den Füßen und den Beinen mitgetragen; beim Stehen kommen die entscheidenden Hilfen von der richtigen Spannung in den Beinen und der aufgerichteten Lage des Beckens.

Bei der Meditation im Gehen[19] spielt die richtige Körperhaltung eine wichtige Rolle – mir selber gefällt die bei verschiedenen Zen-Schulen übliche Haltung: Die linke Hand bildet eine Faust und die rechte Hand liegt auf dieser Faust; beide Hände halte ich auf der Höhe des Oberbauchs, gleich unterhalb des Brustbeins, die Ellbogen angehoben und zur Seite gedehnt, was dem ganzen Brustraum Offenheit verleiht. Ebenso bedeutsam ist das rhythmisierte Schreiten, wobei der Schrittrhythmus mit dem Atemrythmus korrespondiert. Wie schnell oder langsam jemand geht, ist Nebensache. Empfohlen wird im Zen eine Geschwindigkeit, die fremd ist, d. h. nicht unserem gewohnten Tempo entspricht. Das ungewohnte Tempo fördert unsere Bewusstheit. Ich habe buddhistische Mönche erlebt, die so langsam gingen, dass es fast zu einer Gleichgewichtsübung im Stehen wurde. – Und wer die Meditation im Gehen als Pilgern im eigentlichen Sinn vollzieht, wird kräftig ausschreiten; die langen Wegstrecken diktieren ihm den Schritt.

Wer die Meditation im Gehen allein übt, kann die Geschwindigkeit wählen, sie auch ausprobieren, bis er das passende Tempo gefunden hat. Wer in einer Gruppe übt, hat sich dem vorgegebenen Tempo anzupassen, was wiederum zu einer lehrreichen Übung werden kann, weil das Tempo der Gruppe dem eigenen Tempo oft widerspricht.

Die Meditation im Gehen gelingt erst dann, wenn wir nicht mehr aus der Höhe des Kopfes auf unser Gehen herabschauen, sondern bewusst in unseren Füßen und Beinen mitgehen, die Fußsohlen bei jedem Schritt abrollen, uns auf den Wechsel von Spannung und Entspannung in den Fuß- und Beinmuskeln einlassen und die Signale unseres Gleichgewichtssinns wahrnehmen.

»Während wir gehen, spüren wir genau das Zusammenspiel der einzelnen Bewegungen. Von den Zehen bis zur

Hüfte aufwärts sind alle Muskeln und Gelenke daran beteiligt. Selbst in dem Bereich darüber erleben wir die Energie der Bewegungen und das Bearbeiten der Erde wie ein kraftvolles Erlebnis gesamtkörperlicher Anstrengung.

Während die Sinnesorgane auf das Gehen ausgerichtet sind, konzentrieren sich Körper und Geist ohne Anspannung auf die Dynamik der Bewegung. Alle Signale verbinden sich dabei zu einem inneren Fluss der sinnlichen Wahrnehmung.

Ohne an Haltung zu verlieren und ohne die richtige Atmung zu vergessen, lassen wir uns mit gebotener Kraft und Geschmeidigkeit von den Beinen tragen, Schritt für Schritt, als würden wir eins werden mit der großen Kugel Erde unter unseren Füßen.«[20]

Stärker als die Meditation im Sitzen fördert die Meditation im Gehen eine Aufmerksamkeit, die nicht nur nach innen, sondern auch nach außen geht: eine wache Aufmerksamkeit. Aus diesem Grund wird in vielen Meditationskursen das Sitzen durch die Meditation im Gehen unterbrochen.

Was die Meditation im Gehen uns bei achtsamen Schritten entdecken lassen kann, hat der Dichter Werner Lutz mit dem folgenden Gedicht umschrieben:

> Schritt um Schritt ohne Zweifachschritte
> ohne Vierfachschritte
> aber auch ohne Bruchteilschritte
> eine große Einfachheit
> haftet an einem ganzen gewagten Schritt[21]

Eine Meditation, die den Körper als Raum der inneren Entfaltung miteinbezieht, bleibt einfach, konkret, dem Alltag verbunden. Sie ist keine »Ver-Reise«. Ganz allmählich verstärkt sie die Sicherheit und vermindert Ängste und Abhängigkeiten.

Werde selbst zum Sonnenaufgang,
dann werden, wohin du gehst,
die Wege günstig sein,
dann werden, wohin du gehst,
die Orte im Osten liegen,
die Osten werden in die Westen sich verlieben.[22]

Dieses Gedicht stammt von Mevlana Dschelal ud-Din Rumi; mit seinen Bildern feiert es die Sicherheit und Unabhängigkeit eines Menschen, der aus der Kraft der Meditation lebt. Es lädt ein, der in der Meditation erfahrenen Kraft zu trauen.

Dschelal ud-Din Rumi (1207–1273) verbrachte die meiste Zeit seines Lebens in Konya (Türkei), damals die Hauptstadt der Rum-Seldschuken. Als Hoftheologe, mystischer Lehrer, spiritueller Berater und Dichter besaß er großen Einfluss. Durch die Sufi-Bruderschaft der tanzenden Derwische, die sein Sohn Sultan Walad gründete, breitete sich seine mystische Lehre nicht nur in Anatolien, sondern auch in vielen anderen islamischen Gebieten aus. Dschelal ud-Din Rumi hat in seinem Gedicht selbstverständlich mehr zum Ausdruck gebracht als die »Sicherheit und Unabhängigkeit«, die wir in der Meditation gewinnen können. Die Sonne ist in seiner religiösen und dichterischen Sprache ein Symbol mit zweifachem Inhalt. Zum einen hat er das Symbol aus der Tradition übernommen; da steht es für Gott. Zum andern symbolisiert es seinen mystischen Lehrer und Freund Schams od-Din-e Tabrisi. Mit der ersten Zeile seines Gedichts fordert er sich letztlich auf, die in der Meditation innerlich erfahrene Einheit mit Gott und seinem Freund nun auch bewusst zu leben. Der spirituelle Weg wird sich klar abzeichnen, allfällige Hindernisse werden sich einebnen. Alle Orte dieses Weges liegen in der Richtung der aufgehenden Sonne, in Lichtnähe. Was bisher wie Gegensätze und Widersprüche ausgesehen hat, lässt sich vereinen und offenbart eine geheime Verwandtschaft.

»Werde selbst zum Sonnenaufgang« – eine bildhafte Wendung, die einlädt, sich in den Grundschritten der Meditation auf die Erfahrungen einzulassen: Ich bin ganz bei mir, ich renne nicht davon, weder körperlich noch innerlich; ich stelle mich dem Atem und mute mir die Bewegung zu, die Leben heißt; ich entscheide mich für den Raum der Stille, der mich zur Ruhe kommen lässt.

Die Meditation: schweigen und hören

Stille ist nicht gleich Stille, Schweigen ist nicht gleich Schweigen: eine Erfahrung, die wir alle aus dem Alltag kennen. Es macht einen großen, spürbaren Unterschied, ob uns jemand gegenübersteht und schweigt, weil er traurig, wütend, erschrocken oder wortlos glücklich ist. Das Schweigen kennt alle Nuancierungen, die auch die Sprache kennt. Und wenn wir uns in der Meditation vermehrt der Stille und dem Schweigen aussetzen, begegnen wir den unterschiedlichen Formen des Schweigens, die wir in unserer Biografie von anderen erfahren beziehungsweise von anderen übernommen und eingeübt haben.

Wer Eltern hat, die es verstanden, mit schmollendem Schweigen zu bestrafen, wird sich am Anfang schwer damit tun, äußeres und inneres Schweigen auszuhalten. Eine solche Person wird versucht sein, Schweigemomente abzukürzen oder ins Unterhaltsame abzulenken. Sie wird während der Meditation sich oder einer anderen inneren Instanz immer wieder erklären müssen, dass das Schweigen in positiver Absicht geschieht. Ähnlich negativ kann sich bei der Meditation auswirken, dass jemand das Schweigen ausschließlich als Interesselosigkeit und Verschlossenheit erfahren hat. So jemand verwechselt das innere Schweigen mit coolem, distanziertem Desinteresse. Er sitzt die Meditationszeit ab und sieht sich als Sieger, weil während der Meditation tatsächlich nichts geschehen ist. Als drittes negatives Beispiel kann jenes Schweigen aufgeführt werden, das auf Angst und Minderwertigkeitsgefühle zurückzuführen ist, ein Schweigen, das sicherheitshalber den Mund hält, im Tiefsten aber schreien möchte.

Diese Negativbeispiele sind im Hinblick auf die Meditation von Bedeutung, weil wir die Tendenz besitzen, die zwischenmenschlichen Erfahrungen in unseren Beziehungen zu Gott zu wiederholen, unseren Gottesbezug in den uns vertrauten Beziehungsmustern wahrzunehmen und zu pflegen. Das kann, in Bezug auf die drei Beispiele, bedeuten, dass sich das innere Schweigen jemandem wie eine göttliche Strafe aufdrängt, als ob Gott seine Liebe verweigern würde. Das kann bewirken, dass jemand seine eigene Leere absolut setzt, an kantiger Härte gewinnt und sich als Teil der göttlichen Macht erlebt. Das kann schließlich heißen, dass sich jemand vom Leben und von Gott verraten fühlt und sich die eigene Bedeutungslosigkeit in jeder Meditation erneut bestätigen lässt.

Um in meine eigenen Schweigeformen etwas Übersicht zu bringen, habe ich mir meine ganze Familie und die Lehrerinnen und Lehrer der Grundschule nach ihren Schweigestilen zusammengestellt. Es war erhellend. Vielleicht hätte ich meine Studie auf meine frühen Filmhelden ausweiten müssen … Als junge Menschen übernehmen wir von unseren Vorbildern nicht nur die Gangart, die Frisur und die Sprechweise, wir übernehmen auch ihr Schweigen.

In der Sprache der Meditationsanleitung, die es liebt, paradox zu formulieren, müssten wir uns im Hinblick auf das Schweigen auferlegen, auch das Schweigen zu schweigen: alle uns vertrauten und eingeübten Formen des Schweigens loszulassen, um das echte Schweigen zu entdecken.

Es dient der Vertiefung des Schweigens in der Meditation, wenn wir auch sonst das Schweigen und die Stille suchen. Was diese Suche alles mit einschließt, hängt von den individuellen Lebensumständen ab. Für mich persönlich heißt es vor allem: Ich suche Räume auf, die still sind, ich vermeide unnötige Geräuschkulissen und ich gehe Gesprächen aus dem Weg, die weder inhaltlich noch im Hinblick auf die mir wichtigen Beziehungen etwas bringen. Eine solche Formulierung mag hart und nach Ausschluss klingen. Damit aus einer solchen Einstellung nicht das uninteressierte und verschlossene Schweigen wird, ist es ratsam, diese Suche zu Beginn auf bestimmte Tage oder Stunden festzulegen und zu den anderen Zeiten im Hinblick auf die Stille »normal« zu leben; auch ist darauf zu achten, dass die Sehnsucht nach Schweigen und Stille nichts Abweisendes, nichts Verachtendes bekommt. Das Bedürfnis nach Stille meldet sich auf jeden Fall vermehrt, wenn wir entspannen und meditieren.

Das stufenweise Eintauchen ins Schweigen kann ich bei mir am besten während einer Wanderung beobachten. Auch wenn ich allein losziehe, bin ich noch in Gespräche verwickelt: mit Menschen, mit denen ich in den letzten paar Tagen zu tun hatte, mit Leuten, von denen ich gehört und an die ich mich gewandt habe. In diesen Gesprächen rechtfertige ich mich, stelle klar, plane, entwerfe Projekte und diskutiere unterschiedliche Meinungen. Nach ein, zwei Stunden werden meine Gespräche einfacher und kennen meistens nur noch einen Gesprächspartner: mich selbst. Ich gehe jenen Gedanken nach, die mir wichtig sind und für die in den letzten Tagen zu wenig Zeit vorhanden war. Es ist die Stufe, da ich gedanklich aufatme und zu mir selbst komme. In einer weiteren Stufe beruhigen sich die inneren Gespräche; meine Sinne gewinnen die Oberhand und lassen mich entdecken, was es alles zu sehen, zu hören, zu riechen, allenfalls auch zu berühren gibt. Die Landschaft – Berge, Hochebenen, Wälder, Flusstäler, Seeufer –, die mich schon seit Stunden mit ihrem Stilleraum umgibt, taucht auf und wird mir bewusst. Von nun an verändern sich auch die inneren Gespräche, falls sie wieder einsetzen: Sie entstehen aus dem Dialog mit dieser Umgebung. Je länger die Wanderung dauert, desto stärker und selbstverständlicher wird ein inneres Schweigen: Ich erfahre es als Ausdruck meiner eigenen Mitte, aber auch als eine wache Offenheit für alles, dem ich begegne.

Stille Räume suche ich nicht nur auf Wanderungen, ich schaffe sie mir auch zu Hause: An Tagen und in Nächten, die ich mir festlege, verzichte ich bewusst auf die Klang-

und Bildkulisse der Medien. Ich bin kein Verächter dieser Medien. Ich schätze es, vielseitig informiert zu werden und die unterschiedlichen Informationen aneinander zu messen; ich mag Musik und Geschichten; ich kenne den Sog der Bildsequenzen. Gerade deshalb schaffe ich mir Stille, indem ich die Apparate nicht einschalte. In den nicht durch fremde Klänge, Stimmen und Geräusche erfüllten Räumen der Wohnung komme ich leichter zur Ruhe und gewinne wieder die Stille, die mir möglicherweise während der Arbeit, durch die vielen Begegnungen und auf dem Arbeitsweg abhandengekommen ist.

Bei Gesprächen unterscheide ich – es ist mir bewusst, dass es sich um eine wenig differenzierte Einteilung handelt, die dem einen und anderen Gespräch gegenüber ungerecht wird – zwischen einem freundschaftlichen Austausch, bei dem die Beziehung im Vordergrund steht, einem informativen Gespräch, das auf Mitteilung, auf die Weitergabe von Informationen aus ist, und einem Gespräch, das letztlich über geräuschvolle Monologe nicht hinauskommt. Dieser dritten Form versuche ich aus dem Weg zu gehen, nicht weil ich mir für solche Gespräche zu gut bin, sondern weil ich aus Erfahrung weiß, dass sie mich mehr entkräften als eine Auseinandersetzung mit kaum überbrückbaren Meinungsunterschieden. Sie lähmen mich. Meine Qualitätsprobe von Gesprächen besteht in kurzen Pausen, in denen ich mir und dem Gegenüber auch kleine Schweigeportionen zumute. Der freundschaftliche Austausch und das gemeinsame Ringen um Klarheit ertragen solche Proben.

Ich habe die Erfahrung gemacht, dass mein Schweigen während der Meditation wach und aufmerksam bleibt und nicht in Negativformen abdriftet, wenn ich ihm den Charakter des Hörens verleihe. Ich höre in erster Linie auf die Geräusche der Atembewegung, auf ihren Lebensklang. Diese Geräusche gewinnen gelegentlich Konturen und bekommen etwas Melodiöses. Sie klingen wie eine Zusage, sie versichern mich des Lebens. Wenn aus dieser Melodie und dieser Zusage mir auch Worte zufließen, nehme ich sie zwar zur Kenntnis, lasse sie aber, wie den Atem, weiterziehen. Ich will mich nicht an sie hängen. Ich möchte im offenen, absichtslosen Hören bleiben. Nur wenn Worte oder ganze Sätze eigensinnig bleiben und nicht mehr in Fluss zu bringen sind oder wenn ich mir bei bestimmten Meditationsformen bewusst ein Wort oder eine Aussage in die Übung mitgenommen habe, höre ich auf sie. Ich lasse sie in ihrem Klang groß werden.

Die Verbindung von Schweigen und Hören befreit mich zugleich von der Eigenaktivität, von der Annahme, das Wesentliche der Meditation müsse von mir selbst kommen. Ich höre, weil ich es erwarte; ich höre, damit ich bereit bin, es zu empfangen. – Ich weiß, dass ich mit diesem »es« sprachlich sehr ungenau bleibe, aber diese Ungenauigkeit hat mit der Meditation selbst zu tun: Es geht um die Haltung einer Ansprechbarkeit, bei der nicht mehr ich bestimme, was mich ansprechen soll …

Die Verbindung von Schweigen und Hören macht die Meditation zu einem religiösen Geschehen. Denn die Ansprechbarkeit, die sich offenhält, rechnet mit Gott. Im Atemklang kann ich Gottes Zusage zu meinem Leben hören: Atemzug um Atemzug wird es mir zugesprochen. – Zu den wichtigen Vorstellungen der Mystiker und Mystikerinnen, die es wie niemand sonst verstanden haben, in sich hineinzuhorchen, gehört die Erfahrung, dass die Schöpfung, und mit ihr auch wir Menschen, in jedem Augenblick neu entsteht. Es gibt nicht nur den einen Anfang; Anfang ist für sie immer. In der Sprache der christlichen Tradition gesprochen: Gott hat nicht irgendwann, verborgen in den ungeklärten Anfängen, eine Schöpfung in Gang gesetzt und sie dann sich selbst überlassen; Gott ist auch für seine Schöpfung da. Gott hat nicht bloß irgendwann, verborgen im zufälligen oder bewussten Ja meiner Eltern zu mir, mein Leben bejaht; Gott ist mir auch jetzt zugewandt.

Es ist möglich, aus einem Gebet einen wichtigen Satz oder ein zentrales Wort in die Meditation mit einzubeziehen. Dieser Satz oder dieses Wort kann im Atemrhythmus, am besten jeweils während des Ausatmens, langsam und gedehnt innerlich gesprochen werden. – Wenn jemand für sich allein meditiert, ist es auch denkbar, den Satz oder das Wort hörbar zu sprechen. – Der Satz oder das Wort dienen vorerst der Konzentration. Sie binden die Aufmerksamkeit noch stärker an die Atembewegung. Und sie richten die innere Stille auf Gott aus. In der Wiederholung der Meditationsübungen verändert sich dann die Aufmerksamkeit: Aus dem langsamen Sprechen wird ein Hören, als ob das Wort in unserem Innenraum aufklingen würde. Wir sind eingeladen, auf diesen Klang zu achten, auf die Zuwendung, die in diesem Klang vernehmbar wird. Aus dem Gebetswort wird mit der Zeit ein Codewort, das uns mit Gott verbindet.

Die Meditation als Abschied von der Sprache

Wenn wir eine fremde Sprache erlernen, kann es sein, dass wir die Selbstverständlichkeit verlieren, mit der wir bisher unsere Muttersprache benutzt haben. Die Formelhaftigkeit der Sprache wird uns bewusster: wie sehr Wendungen und Ausdrücke vorgegeben sind und alles, was wir erfahren und mitteilen, beim Sprechen in bereitstehende »Verpackungen« abgefüllt wird. Wenn die fremde Sprache aus einem anderen Kulturkreis stammt, fällt die Prägekraft der Sprache noch stärker auf. Die Grammatik, die Art und Weise, die Dinge zu sehen und sie sprachlich wiederzugeben, unterscheidet sich von der vertrauten Sprache so sehr, dass ein leichtes Übersetzen kaum mehr möglich ist. Die beiden Sprachen denken so unterschiedlich, als ob sie aus zwei ganz verschiedenen Welten stammen würden. – Ich erinnere mich an die ersten Japanisch-Lektionen. War ich es bisher gewohnt, deutsch zu denken und das Gedachte in gut formulierte fremdsprachige Sätze zu übersetzen, so verstellte mir die japanische Sprache diese eingespielte Technik. Nur was ich auch japanisch denken konnte, wurde zu einem japanischen Satz.

Sprache – das sind nicht nur Worte, das sind auch Muster, Prägungen, Vorstellungen, Modelle. Und je selbstverständlicher uns eine Sprache zur Verfügung steht, desto weniger sehen wir uns veranlasst, diese Worte, Muster, Prägungen und Modelle infrage zu stellen. Wir setzen sie ein, als ob sie die Wirklichkeit ungeschmälert und unverstellt wiedergeben würden. Wir nehmen an, mit der Sprache über die Wirklichkeit zu verfügen, dabei verfügt die Sprache über uns.

Meditation besitzt die Tendenz zur Sprachskepsis. Wer meditiert und im inneren, wachen Verweilen sich selbst und den Dingen näherkommt, erfährt im Laufe der Zeit, wie sich immer stärker eine Sehnsucht nach neuen, eigenen, authentischen Worten bemerkbar macht. Die vorhandenen Worte bleiben ungenügend, sie decken die inneren Erlebnisse nicht ab. Und es fällt leichter, nichts zu sagen, weil es die neue Sprache noch nicht gibt, als falsch, d. h. vorgegeben zu sprechen.

Von solchen Erfahrungen her gesehen ist es verständlich, dass im Laufe der Sprachgeschichte Mystikerinnen und Mystiker mit ihrem Ringen um die entsprechende Sprache oft zu den Erneuerern der Sprache gezählt haben. Sie bereicherten die Sprache um neue Perspektiven, Feinheiten und Ausdrücke. Dadurch erschlossen sie ein neues Stück Wirklichkeit.

Zur Sprache gehört auch, dass sie leichter zu handhaben ist als die komplexere Wahrnehmung der Wirklichkeit mit allen Sinnen. Diese Tatsache verführt uns im Alltag dazu, uns gar nicht mehr der Wirklichkeit zu stellen, sondern sie nur noch sprachlich zu erledigen: als ob wir ihr mit dem Abrufen des sprachlichen Ausdrucks gerecht würden. Wenn wir routiniert leben, sind wir dieser Verführung schon verfallen. Die Zen-Tradition kennt für diese Gefahr die bekannte Apfelepisode: Jemand, der nicht meditiert und nicht wach lebt, isst einen Apfel, bleibt aber im Bewusstsein letztlich bei der Wortwiederholung »einen Apfel essen« stecken. Diese Wortwiederholung, Wortverhaftung wirkt sich so stark aus, dass weder die Realität des konkreten, einmaligen Apfels, seine Farbe, sein sortenspezifischer und einmaliger Geschmack, noch die Realität des Essens ins Bewusstsein der Person dringt. Wer meditiert und dank der Meditation ansprechbar wach ist, erfährt den Apfel und das Essen. Er geht in den sinnenhaften Erfahrungen dieses Moments so sehr auf, dass sich keine (sprachlichen) Verknüpfungen zu früheren Apfelszenen herstellen. Der Moment lebt von seiner Einmaligkeit.

Solange es sich nur um eine Apfelepisode handelt, ist die Dringlichkeit, an den realen Apfel und das reale Essen heranzukommen, vielleicht nicht einsichtig. Die Dringlichkeit zeichnet sich aber deutlicher ab, wenn wir an die Begegnung mit einem Menschen denken. Wenn wir die sprachliche Prägung nicht durchschauen und durchbrechen, sind wir in Gefahr, nur immer wieder dem Bild zu begegnen, das wir von dieser Person besitzen und die Person als solche zu verpassen.

Ich habe und hatte in meinen beruflichen Tätigkeiten mit Menschen zu tun, mit Menschen, die ich unterrichte und begleite. Die Gefahr, mich bei den einzelnen Personen auf ein festgelegtes Bild einzustellen und über diese Menschen scheinbar Bescheid zu wissen, lauert stets in meiner Nähe. Auf der einen Seite muss ich in Erinnerung behalten, was sich zwischen mir und einer bestimmten Person schon abgespielt, welche Entwicklung sie durchgemacht hat und auf was sie im Gespräch anspielen könnte. Auf der anderen Seite muss ich alles vergessen und loslassen, damit diese Person auch Eigenschaften, Ideen und Vorhaben einbringen kann, die den bisherigen Rahmen unserer Beziehung sprengen. – Max Frisch hat seit seinem ersten *Tagebuch* immer wieder darauf hingewiesen, wie wichtig es ist, die Menschen aus dem vorgefertigten Bild, mit dem wir sie handhaben, zu befreien. Es ist für ihn die eigentliche Tat der Liebe. In Anspielung auf das zweite der zehn Gebote der jüdisch-christlichen Tradition schreibt er:

»Du sollst dir kein Bildnis machen

Es ist bemerkenswert, dass wir gerade von dem Menschen, den wir lieben, am mindesten aussagen können, wie er sei. Wir lieben ihn einfach. Eben darin besteht ja die Liebe, das Wunderbare an der Liebe, dass sie uns in der Schwebe des Lebendigen hält, in der Bereitschaft, einem Menschen zu folgen in allen seinen möglichen Entfaltungen. Wir wissen, dass jeder Mensch, wenn man ihn liebt, sich wie verwandelt fühlt, wie entfaltet, und dass auch dem Liebenden sich alles entfaltet, das Nächste, das lange Bekannte. Vieles sieht er wie zum ersten Male. Die Liebe befreit es aus jeglichem Bildnis. Das ist das Erregende, das Abenteuerliche, das eigentlich Spannende, dass wir mit den Menschen, die wir lieben, nicht fertig werden: weil wir sie lieben, solange wir sie lieben. [...]

Unsere Meinung, dass wir das Andere kennen, ist das Ende der Liebe, jedes Mal, aber Ursache und Wirkung liegen vielleicht anders, als wir anzunehmen versucht sind – nicht weil wir das Andere kennen, geht unsere Liebe zu Ende, sondern umgekehrt: weil unsere Liebe zu Ende geht, weil ihre Kraft sich erschöpft hat, darum ist der Mensch fertig für uns. Er muss es sein. Wir können nicht mehr! Wir künden ihm die Bereitschaft, auf weitere Verwandlungen einzugehen. [...]

Man macht sich ein Bildnis. Das ist das Lieblose, der Verrat.«[23]

Bei der Meditation geht es nicht um einen Apfel und in den meisten Fällen auch nicht um unsere Beziehung zu einem anderen Menschen, sondern um unsere Beziehung zu unserem eigenen Leben, um unsere Beziehung zu Gott. Umso wichtiger ist es, aus dem sprachlichen Handhaben Gottes heraus- und in ein echtes Schweigen hineinzufinden. Alles, was oben von der Prägekraft der Sprache und von der gefährlichen sprachlichen Routine im Alltag gesagt wurde, bekommt im Hinblick auf die Gottesbeziehung eine besondere Würde, gewinnt aber auch an Bedrohlichkeit. Denn wir brauchen eine vorgegebene Sprache, um die spirituellen Erfahrungen, die uns geschenkt werden, einordnen und dadurch verstehen zu können. Zugleich aber gelangt die menschliche Sprache an die Grenze ihrer Ausdrucksfähigkeit und Glaubhaftigkeit, wenn sie diese spirituellen Erfahrungen fassen und gültig vermitteln will.

Während die Theologen und Theologinnen der verschiedenen Religionen diese Spannung nie von sich werfen können, weil es zu ihrem Auftrag gehört, die Grunderfahrungen und zentralen Botschaften auf sprachlicher Ebene zu reflektieren und weiterzudenken, machen es sich die Meditierenden »leichter«: Sie gestatten sich die Sprachskepsis und üben das Schweigen. Wobei schon die ersten Meditationsübungen deutlich machen, dass das Schweigen alles andere als leicht ist …

Der Dichter Eugen Gomringer hat im Rahmen seiner »visuellen konstellationen« ein Gedicht zum Schweigen geschrieben. Durch seine grafische Gestalt macht es einen Vorgang deutlich, der in der Meditation nur zu oft erlebt wird: Wir schweigen, indem wir das Schweigen gedanklich thematisieren und um das Schweigen herumreden. Das eigentliche Schweigen beginnt aber dort, wo die Sprache aussetzt.

<table>
<tr><td>schweigen</td><td>schweigen</td><td>schweigen</td></tr>
<tr><td>schweigen</td><td>schweigen</td><td>schweigen</td></tr>
<tr><td>schweigen</td><td></td><td>schweigen</td></tr>
<tr><td>schweigen</td><td>schweigen</td><td>schweigen</td></tr>
<tr><td>schweigen</td><td>schweigen</td><td>schweigen[24]</td></tr>
</table>

Im Zusammenhang mit den Grundschritten der Meditation habe ich bereits darauf hingewiesen, dass sich unser Bewusstsein nur selten von der Sprache löst. Was sich aber in der Meditation schon bald einstellen kann, ist ein Stille-Raum, ein Schweige-Raum, der sich zwischen den Worten und Sätzen ausbreitet und die Sprache an den Rand des Bewusstseins drängt. Im Gedicht von Eugen Gomringer wird er sichtbar und hörbar gemacht. In diesem Raum sind wir ansprechbar für Erfahrungen, die über unsere sprachlichen Modelle hinausgehen. In diesem Raum können wir ansatzweise zu neuen Menschen werden.

Ist Beten Meditieren? Und umgekehrt? Fragen, die vor allem Menschen beschäftigen, deren religiöses Leben phasenweise durch eine Gebetspraxis geprägt worden ist oder wird. Für mich persönlich ist der Unterschied zwischen einem Gebet und einer Meditation gut auf dem Hintergrund der eben behandelten Thematik darzustellen: Das Gebet tendiert zur Sprache, die Meditation zum Schweigen. Diese Unterscheidung trifft selbstverständlich nicht alle Merkmale, mit denen Gebet und Meditation charakterisiert werden können, aber sie hebt eine wesentliche Tendenz hervor.

Wer betet, braucht vorgegebene Worte, etwa Psalmen, das Vaterunser, die Gebete von Vorbildern, überlieferte und lieb gewordene Kirchenlieder, oder sucht nach den jetzt stimmigen Worten, um sich vor Gott auszudrücken. Er freut sich über die Worte, weil sie sein Herz zu Gott hin tragen, oder er leidet an ihnen, weil er spürt, dass sie nicht seine ganze Sehnsucht, seine Liebe und sein Erschrecken einfangen. Wie auch immer, grundsätzlich rechnet er mit dem Gehalt der Gebete: dass sie gelten und ankommen, dass sie Gott erreichen. Wenn einem Betenden die Worte ausgehen, so beunruhigt es ihn und er wartet darauf, dass ihm die Worte wieder geschenkt werden.

Wer meditiert, kann – zumindest bei bestimmten Meditationsformen – durchaus auch von Gebeten ausgehen, bei Gebeten verweilen und sie verkosten, aber sie bleiben für ihn etwas Vorläufiges, letztlich sogar etwas Hinderliches. Denn die Beschäftigung mit Gebetsworten, so lautet seine Überzeugung, lenkt von der Beschäftigung mit Gott ab. Er durchlöchert und zerdehnt deshalb seine Gebete, er lässt Pausen entstehen und lauscht auf den Raum zwischen den Worten. Wenn schon, dann hat Gott mit diesem Raum zwischen den Worten mehr zu tun als mit den Worten selbst. Wenn einem Meditierenden die Worte ausgehen, so nimmt er es als Zeichen dafür, dass in seiner Meditation etwas ganz Wesentliches eingesetzt hat: eine innere, vielleicht sogar göttliche Aktivität, die er nicht mehr beeinflussen kann, noch beeinflussen will.

Als Kind entsprach mir im Freibad der Sprung vom Drei-Meter-Brett mehr als die gezielt und anhaltend durchgeführten Schwimmbewegungen im Becken … Mit dieser frühen Vorliebe mag es zusammenhängen, dass sich mir der folgende Vergleich eingestellt hat: Gebetsworte sind inzwischen für mich, wenn ich meditiere, wie ein Sprungbrett. Das Sprungbrett richtet meinen Sprung aus, ja ermöglicht ihn. Durch den Sprung tauche ich aber in ein ganz anderes Element ein und vergesse dabei das Sprungbrett. – Es dient nicht einem längeren Aufenthalt und schon gar nicht dem Sonnenbad, denn mit trockener oder gar erhitzter Haut ist es gefährlich zu springen.

Wie jeder Vergleich ist auch dieses Bild einseitig, da es einen bestimmten Aspekt hervorhebt. Das Bild vom Sprungbrett beziehungsweise vom Wasser, das mich am Ende des Sprunges erwartet, erleichtert mir den Abschied von der Sprache, einen Abschied, den ich stets als etwas Gewagtes erfahre.

Gott – das Schweigen der Stille

Eugen Gomringers Gedicht zum Schweigen (s. S. 71) lässt sich berechtigterweise mit einem anderen Wort variieren beziehungsweise neu schreiben: Gott. Das Entscheidende, auf das dieses Wort hinweisen will, ereignet sich, analog zum Schweigen, erst in dem Moment, da wir das Wort aufgeben.

In vielen religiösen Traditionen ist es selbstverständlich, dass die erfahrenen göttlichen Kräfte, die Geheimnisse und offenen Fragen des Lebens in Bilder, Aussagen, Geschichten, rituelle Gesten und Tanzbewegungen umgesetzt, aber zugleich mit diesen Ausdrucksmitteln nie ganz erfasst werden können. So heißt es etwa in Lehrtexten des Hinduismus:

> »Groß ist Er, himmlisch, undenkbar, gestaltlos,
> feiner als das Feinste leuchtet Er.
> Ferner als das Fernste und doch hier ganz nah,
> verborgen in der Herzenshöhle des Schauenden.
> Er wird mit dem Auge nicht erfasst und auch nicht mit dem Wort,
> noch mit anderen Sinneskräften, auch nicht durch Askese
> oder gutes Werk.
> Wenn sein Wesen rein ist, kann er ihn meditierend schauen,
> den Teillosen, durch die Ruhe der Erkenntnis.«[25]

»Es gibt zwei Bezeichnungen für Brahman [das Absolute]: das Wort und das Schweigen. Durch das Wort wird das Schweigen geoffenbart. Dieses Wort ist OM. Durch dieses Wort steigt [der Meditierende] auf und findet im Schweigen Ruhe. Das ist sein Ziel, das ist das Unsterbliche, das ist der Zustand der Vereinigung und die Abgeschiedenheit.

So wie eine Spinne an ihrem Faden aufsteigt und in den freien Raum gelangt, ebenso steigt der Meditierende mit der Silbe OM auf und erlangt die vollkommene Freiheit.«[26]

In der christlichen Tradition ist diese Selbstverständlichkeit im Bewusstsein der Menschen nicht in gleicher Weise lebendig geblieben. Die Freude darüber, dass Gott sich mitgeteilt hat, und der Ehrentitel »Wort Gottes«, der auf Jesus übertragen wurde, haben die Aufmerksamkeit fast ausschließlich auf die Seite der Sprache gezogen. Dass Gott ebenso sehr mit Schweigen und Stille zu tun hat, ist verdrängt und vergessen worden. Dabei gibt es auch in der biblischen Überlieferung durchaus Textbelege, die vom Schweigen sprechen, sei es im Hinblick auf die menschliche Annäherung an Gott, sei es als Ausdruck für Gottes Unfassbarkeit.[27] Eindrücklich ist für mich das »Schweige-Gebet«, das im Psalm 131 zum Ausdruck kommt: Es ist das Schweigen des zufriedenen, von der Mutter gestillten Kindes, die Stille eines Menschen, der nichts mehr braucht, weil er genährt und durch die körperliche Wärme und Nähe der Mutter die Lebenssicherheit erhalten hat. Ein zärtlich intimes Bild für die Verbundenheit mit Gott in der Meditation:

> »Jahwe, nicht sinnet Hoffart mein Herz,
> nicht erheben sich stolz meine Augen.
> Nach großen Dingen jage ich nicht,
> nach Dingen, die mir zu hoch sind.
> Schweigen lehrte ich meine Seele,
> und ich schaffte ihr Frieden.
> Wie ein Kind auf dem Schoß der Mutter,
> wie ein Kind, so ruht meine Seele in mir.«
> (Ps 131,1–2)

Wenn Jesus ins Gebet einführt, so rät er, nach dem Zeugnis des *Matthäusevangeliums* (Mt 6,7–15), zu einer verwandten Haltung. Es geht beim Beten nicht um viele oder um bestimmte Worte, sondern um das Vertrauen, dass Gott die menschlichen Bedürfnisse kennt. Das »Vaterunser«, das er in diesem Zusammenhang lehrt, ist als Gebet eine Einstimmung in das Wirken Gottes; in diesem Wirken kommen, so die zuversichtliche Erwartung Jesu, auch die menschlichen Bedürfnisse zu ihrer Erfüllung.

Die Elija-Erzählungen berichten vom israelitischen Propheten Elija, der sich im neunten Jahrhundert vor Christus kämpferisch für die Erhaltung des Jahwe-Glaubens einsetzte, welcher durch die Politik der damaligen Könige gefährdet war. Es wird berichtet, wie dieser Prophet sein Gottesbild und damit sein Gottesverständnis zu verändern hatte: Gott hat weder mit den Ausbrüchen zu tun, die der Prophet in seinem Namen inszenierte, noch mit den blinden Naturgewalten, deren Mächtigkeit und Zerstörungskraft damals gern mit Gott in Zusammenhang gebracht wurden. Gott gleicht, wenn schon, eher einem leisen, sanften Säuseln oder wie es in einer modernen jüdischen Übersetzung[28] des Textes heißt: einer »Stimme verschwebenden Schweigens«.

Der Prophet, ermüdet von seinem politischen und religiösen Kampf, zieht sich zu einem Berg zurück, der in seiner religiösen Tradition von großer Bedeutung ist. Er verbirgt sich in einer Höhle und verbringt dort die Nacht. In der Nacht klagt er Gott seine Not, hoffend, dass dieser seine prekäre Situation – sein Leben ist bedroht – tatkräftig verändert. Da ruft ihn eine Stimme aus der Höhle heraus: zur Begegnung mit Gott.

»Siehe, Jahwe zog vorüber. Ein gewaltiger, heftiger Sturm, der Berge zersprengt und Felsen spaltet, ging vor Jahwe her; aber Jahwe war nicht in dem Sturm. Nach dem Sturm kam ein Erdbeben; aber Jahwe war nicht im Erdbeben. Nach dem Erdbeben kam Feuer; aber Jahwe war nicht im Feuer. Nach dem Feuer kam ein leises, sanftes Säuseln. Da, als Elija das vernahm, verhüllte er sein Antlitz mit seinem Mantel, ging hinaus und trat an den Eingang der Höhle.« (1 Kön 19,11–14)

Gott – jenseits der vom Menschen mit Schrecken und Faszination erwarteten göttlichen Ausdrucksmittel und stiller als sie. In den Überlieferungen rund um Jesus weist das rätselhafte Schweigen Jesu während seines Prozesses auf eine ähnliche Erfahrung hin. Signale mit derselben Bedeutung kommen auch in den Gleichnissen vor, in jenen kurzen Geschichten, mit denen Jesus seine Gotteserfahrung weitererzählt hat. Jesus verpackt seine Erfahrungen gerne in Metaphern, die mit ihrem bildhaften Charakter zwar an den bekannten Erfahrungen des Alltags anknüpfen, aber in ihrem neuen Zusammenhang darüber hinausweisen. Sie haben deutlich »mehr« zu sagen als in ihrem alltäglichen Zusammenhang, aber dieses »Mehr« bleibt ausgespart, verschwiegen.[29] Es wird der Deutung des Einzelnen überlassen. Jesus rechnet also mit einer sprachlich nicht oder nur teilweise mitteilbaren Erfahrung Gottes.

In einer »normalen« Lebensgeschichte äußert sich Gott als Schweigen oder als Stille vor allem in der Erfahrung, dass er greifbar nicht vorkommt oder sich nicht an die von uns Menschen ausgehandelten Spielregeln hält …

Es kommt meistens zu einem packenden Prozess, wenn sich jemand aufmacht, einmal alle Gottesbilder zusammenzustellen, die er oder sie im Laufe des Lebens als wichtig und gültig betrachtet hat. Ein erster Schritt der Einsicht besteht in der Erkenntnis, dass Gott und Gottesbild auseinandergehalten werden müssen, ein weiterer Schritt im Eingeständnis, dass wir alle das Gottesbild häufiger wechseln, als wir es uns bewusst machen. Vom Gottesbild, das sich uns als Kind aufgedrängt hat, zusammengesetzt aus Elementen des magischen Erlebens und aus Deutungsversuchen der für uns unverständlichen und bedrohlichen Geschehnisse der Erwachsenenwelt, bis zu den Gottesbildern, mit denen wir uns als Erwachsene im Leben einrichten oder unter denen wir ein Leben lang leiden, liegen viele Zwischenbilder. Es kann sein, dass sich durch diese Bilder die eine und andere Konstante zieht, aber üblicherweise macht das Gottesbild radikale Veränderungen durch.

Wir brauchen Gottesbilder, und der Verschiedenartigkeit der Gottesbilder im eigenen Leben nachzugehen, sollte nicht mit der Absicht geschehen, sie als wertlos oder als Selbsttäuschung aufzulösen. Sie relativieren sich, das genügt. Sie werden als Deutungsversuche und als menschliche Konstrukte erkannt. Sie können nicht mehr mit Gott verwechselt werden und geben dadurch den Weg zum noch nicht ergriffenen und begriffenen Gott frei. – Gott lässt es schweigend geschehen, dass wir ihn vorschnell mit eigenen Bildern und Begriffen identifizieren. Er wartet schweigend, bis sie zusammenfallen und wir wieder unverstellter sehen.

Die körperliche und innere Sicherheit, die wir in der Entspannung und in der Meditation erreichen, kann uns helfen, auf die Sicherheit der vorläufigen Gottesbilder zu verzichten und im Schweigen zu verweilen. Die regelmäßige Meditation kann zu einer religiösen Entschlackung führen, wenn das Schweigen als Wesenselement der Übung wirklich entdeckt und ausgehalten wird. Es beginnt dann jene, nur schwer zu umschreibende »Eigen-Aktivität« des Schweigens, die uns verändert und zu einer kraftvollen Mitte wird. Diese innere Erfahrung löst nicht alle Probleme und Fragen, sie entwickelt sich nicht zu einem himmlischen Antwortlieferanten. Aber sie kann so bestimmend werden, dass wir auch mit Fragen leben können, ohne deshalb in Unsicherheit zu geraten. Gott wird dann zur Lieblingsfrage.

Angelus Silesius, ein Arzt, Dichter und Mystiker des 17. Jahrhunderts, hat in seinen Epigrammen, die er unter dem Titel *Cherubinischer Wandersmann*[30] veröffentlichte, immer wieder die Sprache und das Schweigen zum Thema genommen. Aus eigenem Erleben kannte er die Faszination der Sprache und die nicht mehr in Worte zu fassende Nähe Gottes. In immer neuen und zugespitzten Wendungen, eigentlich paradox, lädt er alle, die um Gott ringen, dazu ein, auf die

Sprache zu verzichten. Er unterscheidet das ehrfurchtsvolle Schweigen des Betenden und Meditierenden vom eigentlichen Schweigeraum, der entsteht, wenn jegliche gedankliche und sinnenhafte Tätigkeit des Menschen zur Ruhe gekommen ist. Dieser Schweigeraum ist seiner Erfahrung nach im eigentlichen Sinn das Aufnahmeorgan für Gottes Gegenwart. In Anlehnung an die christliche Theologie und ihre Vorstellung von der Geburt Gottes in Jesus spricht er davon, dass dank dieses Aufnahmeorgans im Menschen Gott wiederum Mensch wird. Für Angelus Silesius ist Gott wesentlich jenseits des menschlichen Sprachvermögens; er entspricht am ehesten dem totalen Schweigen.

Beschaulichkeit
Sei rein, schweig, weich und steig auf in die
Dunkelheit,
So kommst du über alls zur Gottsbeschaulichkeit.

Das stillschweigende Gebet
Gott ist so über alls, dass man nichts sprechen kann,
Drum betest du Ihn auch mit Schweigen besser an.

Mit Schweigen wird's gesprochen
Mensch, so du willst das Sein der Ewigkeit aus-
sprechen,
So musst du dich zuvor des Redens ganz ent-
brechen.

Das Unaussprechliche
Denkst du den Namen Gotts zu sprechen in
der Zeit,
Man spricht ihn auch nicht aus in einer Ewigkeit.

In Sanftmut wohnet Gott
Besänftige dein Herz; Gott ist in starken Winden,
In Erdbewegungen und Feuer nicht zu finden.

Was Gott am liebsten tut
Das liebste Werk, das Gott so inniglich liegt an,
Ist, dass Er Seinen Sohn in dir gebären kann.

Was Gott vom Menschen fordert
Gott fordert nichts von dir, als dass du Ihm sollst ruhn;
Tust du dies, so wird Er das andre selber tun.

Die Dichterin Marie Luise Kaschnitz hat sich in ihren Erzählungen, Hörspielen und Gedichten mehrfach mit Gottesbildern auseinandergesetzt: mit den Gottesbildern der Mythologien, der christlichen Tradition, der künstlerischen Darstellungen und der Lebensgeschichten einzelner Menschen. In *Kein Zauberspruch*, ihrem letzten Gedichtband, den sie 1972 veröffentlichte, findet sich *Ein Leben nach dem Tode*, ein Gedicht, das ebenfalls diesem Thema gewidmet ist. Sie geht von der Frage aus, ob es ein Leben nach dem Tode gibt. Es bereitet ihr keine Mühe, die Frage positiv zu beantworten. Aber sie hat Mühe, die in der christlichen Tradition beliebten Vorstellungen rund um das Jenseits, vor allem die Vergeltungs- und Ausgleichsphantasien, anzuerkennen. Wenn Gott mit Liebe zu tun hat, so fährt sie in ihrem Gedicht, nach einer Antwort suchend, fort, müsste er mit ihren wertvollsten diesseitigen Erfahrungen von Geborgenheit, Zärtlichkeit und Liebe zu tun haben: Erfahrungen in der Natur, Erfahrungen in der Partnerschaft, die Gegenwart der geliebten Hand und der bergenden Stimme. Ein Leben nach dem Tod bedeutet für die Dichterin eine Fortsetzung der auf der Erde Wirklichkeit gewordenen Liebe. Die letzte Strophe des Gedichts lautet:

Mehr also fragen die Frager
Erwarten Sie nicht nach dem Tode?
Und ich antworte
Weniger nicht.[31]

Die letzte Zeile des Gedichts umschreibt für mich die Bedeutung der Gottesbilder im menschlichen Leben und setzt zugleich einen qualitativen Maßstab für das Schweigen in der Meditation. Wir brauchen Gottesbilder, aber diese Vorstellungen bilden letztlich nur eine Markierungslinie, hinter die wir nicht zurückgehen. Nach vorne, nach oben – wiederum das Spiel der Sprache: Was ist im Hinblick auf Gott oben oder vorne? – müssen wir offen, ansprechbar und aufbruchbereit sein. Und das Schweigen ist Ausdruck sowohl dieser Offenheit als auch der Wesensverbundenheit mit Gott.

Ab und zu
Du
Gott noch immer Unbekannter
Berührst uns
Wie der an die Decke
Der Sistina gemalte
Den eben erst
Erschaffenen Adam
Nur mit einem Finger
Da fliegen wir
Für diesen Augenblick
Dir im Konvoi
Da nährst Du uns
Von Kuppe zu Kuppe
Mit dem Mut Deines Anfangs
Wir aus demselben Stoff gemacht
Wie Du
Noch ohne Blutgeruch
Und Brandgeruch
Schöpfer Geschöpf
Wir flogen
Liebten uns
Uneingeschränkt
Zum ersten letzten Mal[32]

Die Stille der Mystiker und Mystikerinnen

Die großen Spezialisten der Meditation sind die Mystiker und Mystikerinnen. Ihre inneren Wege können zwar unterschiedlich verlaufen, doch sie alle ringen um das richtige Wort und das richtige Schweigen. Ihre Lebensgeschichten wirken oft anziehend und erschreckend zugleich, da an ihnen ein göttliches Wirken aufscheint, das einen Durchschnittsmenschen verängstigt, weil es ihm wie eine Einengung der menschlichen Willenskräfte vorkommt.

Auch wenn die Erfahrungen der Mystiker und Mystikerinnen zutiefst mit dem Geschehen der Meditation verbunden sind, ist es schwierig, für den eigenen Weg an ihnen Maß zu nehmen: Die »Eigen-Aktivität« des Schweigens – oder: Gottes spürbare Zuwendung – ist bei ihnen bereits so stark wirksame Realität, dass sie kaum mehr zu üben haben. Es fällt ihnen als Geschenk zu. In einer anderen Hinsicht allerdings sind sie von unschätzbarem Wert. Viele von ihnen haben ihren inneren Weg beschrieben, dokumentiert und reflektiert. Dank solcher Aufzeichnungen lassen sich bestimmte Entwicklungsschritte und Grunderfahrungen als typisch für jeden inneren Weg ableiten, andere Entwicklungsschritte wiederum sind dem speziellen Kulturraum, dem jeweiligen Charakter, der individuellen Biografie zuzuschreiben. Immer wieder berichten solche Aufzeichnungen von schmerzhaften Prozessen der inneren Reinigung und der Vereinfachung des Lebens: Übernommene und eigenständig entwickelte Inszenierungen müssen abgebaut werden. Zeiten lichtvoller Einsichten können phasenweise durch Unsicherheit, Ausweglosigkeit, Schuldgefühle, ja Depression bedroht werden. Die positiven Erfahrungen nehmen stufenweise zu und enden in einer Verbundenheit mit dem Göttlichen, die je nach spiritueller Tradition mehr durch die Bilder der Auflösung, der Verschmelzung oder der Liebesbeziehung zum Ausdruck gebracht wird.

Statt Textausschnitte und Zitate verschiedener Mystiker und Mystikerinnen anzuführen, möchte ich an dieser Stelle auf ein Gedicht der österreichischen Dichterin Christine Busta hinweisen. Ich bin auf dieses Gedicht gestoßen, als ich mich mit den Träumen und der Verarbeitung von Träumen in Gedichten[33] beschäftigt habe. Im Gedicht *Der Traum von den drei Engeln* beschreibt Christine Busta ein Erfahrungsmuster, das bei vielen Mystikern und Mystikerinnen der christlichen Tradition anzutreffen ist.

Der Traum von den drei Engeln
Der letzte Engel war der schönste:
Olivenlaub schien sein Gewand,
und sein Gesicht glich einem Falter,
auf dem der Trauer ewiges Alter
als große, schwarze Flammen stand.

Den ersten Engel wollte ich nicht lassen,
den zweiten wagte ich nicht anzufassen,
da nahm der dritte sanft mich bei der Hand.
Seither kann ich die andern nicht beschreiben.
Ich frag auch nicht: »Wird dieser letzte bleiben?«
Ich gehe nur und weiß: ich bin erkannt.[34]

Was Christine Busta als Engel verkörpert sieht, sind drei Erlebnisweisen, wie wir Menschen auf das Göttliche reagieren. Es sind Erlebnisweisen, die sie selbst gekannt haben muss, die ihr zumindest unbewusst zugänglich waren. Ihr Traum lässt sie in diese Erlebnisweisen bildhaft Einsicht gewinnen. Er macht ihr eine Entwicklung deutlich. – Ob sie diese Entwicklung schon hinter sich hat oder durch den Traum für sie gewonnen werden soll, lässt das Gedicht offen.

Der erste Engel ist die Gestalt des Beginns, z. B. des Beginns einer bewussten spirituellen Suche, einer Meditationsschulung. Er ist die Gestalt des Aufbruchs. Mit dieser Gestalt ist eine Bindung, ja eine Freundschaft möglich. Sie ist so faszinierend, dass das Traum-Ich von Christine Busta sie nicht mehr loslassen möchte.

Der zweite Engel ist die Gestalt der Verunsicherung, des Erschreckens, der Sprachlosigkeit. Was an Gott und dem menschlichen Bezug zu Gott in der Gestalt des Aufbruchs so klar und greifbar war, geht nun verloren. Gott umgibt nichts mehr von vertrauter Nähe.

Der dritte Engel wird von Christine Busta ausführlich beschrieben. Sein Gewand setzt sich aus Olivenlaub zusammen, in der Traumsprache vielleicht ein bildhaftes Signal für Frieden und Fruchtbarkeit; es ist auch denkbar, dass ein Bildelement – der Engel Gabriel vor Maria, in seiner Hand ein Olivenzweig –, das Christine Busta sicher aus vielen Verkündigungsdarstellungen bekannt war, sich in ihr ausgeweitet hat. Christine Busta beschreibt auch das Gesicht des dritten Engels: Es besitzt nichts Menschliches. Es vereint in sich gegensätzliche Kräfte: die lebendige, verwandelnde, aber auch zerstörende Kraft des Feuers und das alles auslöschende Schwarz der Trauer. Der dritte Engel ist die Gestalt der göttlichen Zuwendung, einer Bewegung, über die der Mensch nicht bestimmen kann, in der er sich aber trotz ihrer Fremdheit geborgen erfährt.

Die letzte Zeile des Gedichts charakterisiert das Wesen des dritten Engels, der dritten Erlebnisweise des Göttlichen: Das Traum-Ich der Dichterin erlebt, dass sie selbstverständlich und fraglos mitgehen kann, auch wenn das Gesicht des Engels nichts menschlich Vertrautes an sich hat. Sie erlebt die Gewissheit, dass die Führung des Engels ihr entspricht: »Ich bin erkannt.« – Diese innere Gewissheit ist das Geschenk, auf das die spirituellen Übungswege die Meditierenden vorbereiten.

Wenn wir meditieren, erleben wir uns auf den Abschnitten des inneren Wegs unterschiedlich. Es ist wichtig, dass wir, um in der Sprache des Gedichts zu bleiben, die Engel der verschiedenen Abschnitte erkennen und ihnen trauen. Der erste Engel ist voller Energie und Einsatzfreude, er wirkt ansteckend. Er eröffnet Zusammenhänge. Der zweite Engel verlangt Geduld. Er zwingt oft dazu, das ganze Wissens- und Verhaltensrepertoire, das bisher brauchbar war, loszulassen und zu vergessen. Er macht müde. Der dritte Engel stimmt gelassen. Aber er ist nicht einfach. Denn er zwingt uns, uns daran zu gewöhnen, dass es reicht, dass Gott uns kennt.

Vom Blick des Wortes und unserem Einsatz in den Leerräumen

LEERRÄUME
Zwischen
den Zeilen
zwischen
den Worten
Leerräume
freies Land
nein
kein Ruheplatz
du musst
graben darin[35]

EIN LEBENDIGES WORT
Weit
hinter
dem zugepflasterten Land
entdecke ich
ein lebendiges Wort
herausäugend
aus einem
nie benannten
Teich.[36]

Magdalena Rüetschi befasst sich als Dichterin und Psychotherapeutin sehr intensiv mit dem Wort und der Quelle des Wortes. Das mag Grund dafür sein, dass ihre Gedichte, ohne speziell dafür geschrieben worden zu sein, auch die inneren Vorgänge des Meditierens erfassen und anschaulich machen.

Mit zwei Texten aus ihrem Gedichtband *Pascal's Zimmer* möchte ich die Ausführungen zur Meditation abschließen.

Beide Gedichte umkreisen das Thema Wort und Schweigen. Mit ihren ungewohnten Bildern eröffnen sie so nicht erwartete Zusammenhänge.

Im Gedicht *Leerräume* wird das Schweigen umschrieben mit den Worten »Leerräume« und »freies Land«. Was als freies Gelände einladend wirkt, darf jedoch nicht als Ruheplatz missverstanden und missbraucht werden. Es verlangt vielmehr unseren Einsatz. Auch Wortlosigkeit, auch Schweigen muss bearbeitet und gestaltet werden. Mit dem Wort »graben« deutet das Gedicht an, dass die Arbeit, auf die hier angespielt wird, unsere ganze Kraft fordert.

Mit seinen Bildern greift das Gedicht noch einmal jene Vorgänge auf, die in den vorausgehenden Überlegungen im Mittelpunkt standen: das Wagnis der Stille, das Vertrauen, das sich mit einem wachen Schweigen verbindet, das Schweigen, das sich der Liebe öffnet.

Wenn ich die Gedichte von Magdalena Rüetschi lese, stoße ich immer wieder auf biblische Anspielungen, die sie zwar nicht groß ausführt, aber doch als wichtige Signale in den Text setzt. Auf diesem Hintergrund vermute ich auch im Wort »graben« eine Verknüpfung mit dem Gleichnis vom Schatz, der im Acker verborgen ist. Jesus hat mit diesem Gleichnis einen Traum der kleinen Leute erzählt: Du arbeitest als Tagelöhner auf einem Acker, der dir nicht gehört, du stößt auf einen irgendwann mal vergrabenen Schatz, es gelingt dir, ihn zu verheimlichen, das notwendige Geld aufzutreiben, den fremden Acker zu erwerben und den Schatz auf diese Art heimlich und rechtmäßig zugleich an dich zu bringen … Jesus erzählt diese Geschichte voller Zuversicht aus einem bestimmten Grund: Er erzählt letztlich von Gott. So ist Gott, er springt dich an wie ein versteckter Schatz, er lässt dich so reagieren, dass alles zum Besten gelingt. Wie das Gleichnis so schließt auch das Gedicht nicht mit dem Hinweis auf den geforderten Einsatz, sondern mit der Verheißung, dass sich dem Grabenden unerwartete Schätze auftun. – Gott aktiv in den Leerräumen, im freien Land der Wortlosigkeit?

Diese Deutung des Gedichts drängt sich auch vom zweiten Gedicht her auf.

Das Gedicht *Ein lebendiges Wort* setzt eine aktuelle Bildwelt ein: Das verbaute, zubetonierte, zugepflasterte Land, auf dem nichts mehr wachsen kann, steht für die alles erstickende Decke von vorgegebener, nicht mehr durch Erfahrung gefüllter Sprache, die uns heute täglich zugemutet wird. Dem steht das lebendige Wort gegenüber, das aus einem noch offenen, von der Sprache nicht überdeckten Teich auftaucht. Dieses Wort ist aktiv, stiftet durch seinen Blick Betroffenheit und Begegnung. Es gibt Leben weiter dank seiner Verbindung mit dem Unbewussten.

Magdalena Rüetschi baut im Gedicht eine Perspektive auf, die bei der Lektüre auch zu unserer Perspektive wird: Das Ich und das Wort liegen weit auseinander. Es gilt aufzubrechen: zu einer Entdeckungsreise an einen Ort, den noch niemand beschrieben und sprachlich festgelegt hat. Doch das Wort ist ebenfalls aktiv. Es taucht auf und schaut dem Ich entgegen. Wird das Ich das Wort rechtzeitig erreichen, bevor es wieder abtaucht? Wird es am Teich auf das erneute »Herausäugen« warten müssen? Oder ist dieser Blick des Wortes ein Zeichen dafür, dass das Wort den Kontakt sucht, sich dem Ich, uns mitteilen will, uns erkannt hat, gerade das Wort aus der Stille?

Alltag –
der Stille
Gestalt geben

Die Stille schützen

Wenn wir das Element der Stille als Lebenselement in den Alltag integrieren möchten, dürfen wir es nicht dem Zufall überlassen. Zuviel an Lärm, Hektik und Anforderungen stürmt täglich auf uns ein. Die Stille kann sich nur entfalten, wenn wir uns mit ihr solidarisieren und sie bewusst schützen.

Es empfiehlt sich im Alltag eine Grundhaltung, die darauf ausgerichtet ist, den Tag diszipliniert zu strukturieren. Disziplin und Struktur sind allerdings nicht die Werte, um die es geht. Sie können ja auch erstickend und lebenshemmend wirken. Disziplin und Struktur helfen an dieser Stelle lediglich mit, den Raum zu schaffen, in dem auch die Stille ihren berechtigten Platz einnehmen kann.

Ehrlicherweise müssen sich heute viele Menschen eingestehen, dass es bei dieser Entscheidung, ihren Tag bewusster zu strukturieren, nicht mehr darum geht, etwas mehr oder weniger Stille in den Alltag hinüberzuretten. Es geht inzwischen um die Lebensqualität, um das Überleben selbst. Die Entscheidung hat ihre Dringlichkeit. Wer sich zugunsten der Stille entscheidet, erfährt schon sehr bald, dass sich der Lebensstil verändert. Mit Erstaunen stellt er oder sie im Nachhinein fest, dass in seinem Leben eine Menge Fremdbestimmung vorhanden gewesen ist; sie verringert sich in dem Maß, als die Entspannung und die durch die Meditation geförderte Sensibilität zunehmen. Erst allmählich wird einem deutlich, wie stark man davor gelebt wurde, statt zu leben.

Wenn wir den Tag bewusst strukturieren möchten, stehen viele von uns vor der Erkenntnis: Die 24 Stunden des Tages sind schon voll, und etwas Zusätzliches wie Zeit für eine Entspannungsübung oder eine Meditation hat schlicht keinen Platz mehr. Diese Feststellung wird in den meisten Fällen stimmen. Und sie wird zum Ausgangspunkt einer mit Würde und schmerzlichem Lächeln vorgetragenen Tragik, Ausgangspunkt der Sackgasse ins falsche Selbstmitleid …

Die Rechnung muss an einer anderen Stelle ansetzen. Der Tag hat tatsächlich nur 24 Stunden, und auch unsere Lebenszeit ist begrenzt. Es hat nicht Platz für alles. Aber: Auch die Tage, wie wir sie jetzt leben, sind nicht »alles«. Sie bestehen aus einer Auswahl, die wir bewusst oder unbewusst, vielleicht auch notgedrungen getroffen haben, auf jeden Fall eine Auswahl, die wir hinterfragen und verändern können.

In einer Lebensphase, in der ich wegen der Neuorganisation meiner beruflichen Tätigkeit Rat brauchte, stellten mich zwei Fachleute unabhängig voneinander vor die Frage: Was willst du wirklich? In weitere Fragen aufgefächert und nicht allein auf die berufliche Neuorientierung bezogen, bedeutet diese Frage: Wie möchtest du wirklich leben? Was macht dir dein Leben lebenswert? Und was kannst du von deiner Seite aus tun, damit dieser Wunsch in Erfüllung geht?

Daran schließen sich zwei weitere Fragen unmittelbar an, weil wir Menschen ja nie beim Punkt Null beginnen können, sondern immer ein bereits eingespurtes Leben wieder in Fahrt zu bringen haben: Welche inneren und äußeren Hindernisse lässt du zu – oder organisierst du dir –, damit dein Wunsch nach Veränderung nicht in Erfüllung geht? Wie kannst du solche Blockaden allein oder mit Hilfe von anderen auflösen?

Wenn wir wissen oder ahnen, dass wir der Stille, konkret: der Entspannung und Meditation, in unserem Leben mehr Raum zu geben haben und dass unser Leben dadurch an Wert gewinnt, ist es eine Frage der Redlichkeit, ihr den Raum auch zuzugestehen. Alles andere geht in die Richtung von Inszenierungen, die zwar abwechslungsreich sein können, sich letztlich aber zu unserem Schaden auswirken.

Sowohl für das Einüben der Entspannung als auch für die Meditationspraxis ist die Regelmäßigkeit des Übens von großer Hilfe. Regelmäßigkeit schreibt bewusst kein bestimmtes Maß an Zeit vor, z. B. jeden Tag oder viermal die Woche, sondern bestimmt einen den Lebensumständen angepassten Rhythmus, der unabhängig von den jeweiligen Störungen oder Stimmungen eingehalten wird. Wer sich vornimmt, einmal in der Woche, vielleicht sogar an einem bestimmten Wochentag, ausgiebig Zeit für Entspannung und Meditation einzusetzen, und diesen Rhythmus durchhält, hat den entscheidenden Schritt bereits getan. Früher oder später wird der Zeitpunkt kommen, da der Rhythmus wieder verändert, vielleicht sogar intensiviert werden kann. Regelmäßigkeit hat mit der Strukturierung zu tun, von der vorher die Rede war.

Es dient der Entspannung und Meditation, wenn möglichst viele Faktoren in diese Regelmäßigkeit einbezogen werden können; es entsteht dadurch eine Art Ritualisierung, die die Vertiefung der Übungen fördert. Die Regelmäßigkeit kann umfassen: am selben Tag (der Woche), zur selben Tageszeit, am selben Ort (Zimmer oder Bereich eines Zimmers) in der Wohnung, stets nach dem in diesem Buch vorgeschlagenen Stil – oder nach anderen Impulsen –, mit den selben »Hilfsmitteln« (Decke, Tuch, Kleidung, einleitendes Musikstück, Kerze), die der inneren Bereitschaft zur Sammlung Ausdruck geben und sie zeichenhaft begleiten.

Im Hinblick auf die Entspannung ist es wichtig, einen Zeitpunkt zu finden, zu dem Sie sich ungestört hinlegen und wirklich loslassen können. Schalten Sie alles aus, was Sie ablenken oder stören könnte. Besprechen Sie sich mit jenen Personen, mit denen Sie zusammenleben. Es sollte niemand den Raum, in dem Sie üben, bewusst oder zufällig betreten. Zur Zeit der Entspannung gehören der »Übungsraum« und der zeitliche Raum ausschließlich Ihnen.

Beobachten Sie auch sich selbst: Planen Sie die Entspannung nicht auf einen Zeitraum, in dem Sie bisher alles Mögliche angepackt und erledigt haben. Andernfalls vermissen Sie diesen Entfaltungsraum und Sie packen und erledigen auch während der Entspannung alles Mögliche.

Die Entspannung kann im Verlauf des Tages durchaus an verschiedenen Orten ihren Platz haben. Sie kann am Morgen stattfinden; dann wird sie zu einer Übung, die Sie auf die Anforderungen des Tages vorbereitet. Sie dient als Basis, und dank der erlebten und bewusst wahrgenommenen Ruhe bringt Sie während des Tages nichts aus Ihrer Mitte. Sie kann aber, wenn Sie über eine geeignete Rückzugsmöglichkeit verfügen, auch den Arbeitsalltag unterbrechen. Sie schafft dann eine bewusste Distanz zu den beruflichen Verpflichtungen. Sie stehen weniger in Gefahr, von Ihrer Arbeit verschlungen zu werden. Viele widmen sich der Entspannung, wenn sie den Arbeitsalltag abgeschlossen haben und nach Hause kommen. In diesem Moment wird die Entspannung zur Zäsur: Sie lassen die Anstrengungen des Tages hinter sich und können den Abend mit neuen Kräften beginnen. Die Entspannung am Abend kann sich verschiedenartig auswirken. Es gibt Menschen, die anschließend tiefer, ruhiger schlafen; sie können dank der Übung alles, was sie tagsüber in Spannung versetzt hat, loslassen. Andere Menschen wiederum erfahren die kleinsten Bewegungen nach der Entspannung als eine erneute Aktivität; sie werden dadurch so stark angeregt, dass sie den Schlaf nicht mehr finden. – Überdenken Sie die bestehende Struktur Ihres Tages und schaffen Sie dort Raum für die Entspannung, wo es Ihnen sinnvoll zu sein scheint. Wenn Sie nach einigen Tagen der Übung feststellen, dass die Entspannung zu diesem Zeitpunkt nicht gelingen will, versuchen Sie es zu einer anderen Tageszeit.

Die im Schlussteil vorgelegten Übungen brauchen Zeit. – Es ist unehrlich, wenn Bücher, Lehrer oder Lehrerinnen vorgeben, dass der Zustand der Entspannung in ein paar

Augenblicken erreicht werden kann! Die körperlichen Vorgänge, die bei der Entspannung mitspielen, laufen nach bestimmten Gesetzmäßigkeiten ab; der Körper verlangt nach Zeit, er kann sich nur langsam umstellen. Echte Entspannung ist nicht willentlich herbeizuführen. – Erst wenn Sie nach einem regelmäßigen Üben den Zugang zur Entspannung gefunden haben und in Ihnen das Bewusstsein für die wesentlichen Empfindungen der Entspannung wieder lebendig geworden ist, ist es möglich, auch mitten in irgendeiner Beschäftigung auf Entspannung umzustellen. Sie werden durch eine aufmerksame Praxis die für Sie günstigsten Umschaltungen entdecken: Manchen Menschen hilft die Atmung. Während ihrer Arbeit, einer Besprechung, einer Fahrt, einem Augenblick, da sie nicht beansprucht werden, stellen sie sich auf die Atembewegung ein und tauchen in den Zustand der Entspannung ein. Andere bezeichnen ihren Entspannungszustand am Ende einer Übung mit einem Code-Wort oder verbinden ihn mit einem Code-Bild. Und wenn sie während des Tages, mitten in seinen Anforderungen, kurz entspannen möchten, lassen sie in sich das Code-Wort oder das Code-Bild aufsteigen. Darüber schaffen sie sich den Zugang zu einer kurzen Entspannung. Solche kurzen Momente der Entspannung – nicht anstelle der großen Übungen, sondern als ihre Verlängerungen – sind sehr wirkungsvoll.

Für die Gestaltung der Meditation gelten dieselben Gesichtspunkte wie für die Entspannung. Traditionellerweise werden für den Vollzug der Meditation die Dämmerungszeiten empfohlen. Aber auch hier zeigt sich, dass sich vor allem die Regelmäßigkeit positiv auswirkt: Der Rhythmus lässt ein Bedürfnis nach diesen Zeiten der Sammlung entstehen und dieses Bedürfnis unterstützt die Entscheidung zu meditieren.

Es gibt sehr viele Formen der Meditation. Die Vorschläge im Übungsteil bieten nur ein kleines Spektrum der Möglichkeiten. Falls Sie merken, dass diese Vorschläge Ihnen nicht entsprechen, bedeutet dies auf keinen Fall, dass Meditation nichts für Sie ist. Suchen Sie unbedingt weiter, bis Sie Ihre Form, Ihre Praxis gefunden haben.

Ausgehend von meinen eigenen Erfahrungen empfehle ich Ihnen für den Umgang mit den Meditationsübungen dieses Buches und allgemein für die Suche nach der eigenen Praxis die folgenden sieben Spielregeln:

1. Halten Sie sich während der Übung und während einiger Wochen oder Monate des Übens genau an die Vorgaben. Lassen Sie sich durch die Vorgaben schulen. Geben Sie nicht auf, wenn Ihnen vorerst etwas fremd oder nicht gleich einsichtig ist. Das Auflösen alter Verhaltensweisen und der Aufbau neuer Prägungen brauchen Zeit.
2. Nehmen Sie sich in regelmäßigen Abständen, alle drei oder sechs Monate, Zeit, Ihre Meditationspraxis zu reflektieren: Was war Ihnen methodisch eine Hilfe, was hat sich als Hindernis erwiesen? Was hat Sie herausgefordert? Was hat Sie höchstens eingelullt und zufriedengestellt?
3. Überlegen Sie, welche Schlüsse dem Ergebnis Ihrer Reflexionen gerecht werden: Ist es an der Zeit, mit derselben Methode, aber intensiver, wachsamer, in einer anderen Regelmäßigkeit zu üben, oder ist es an der Zeit, zu einer anderen Methode zu wechseln? Oder haben Sie möglicherweise noch gar nicht verstanden, um was es in der Meditation wirklich geht? Ist es deshalb ratsam, eine Meditationspause einzulegen und dann ganz neu zu starten?
4. Die Meditation zu intensivieren oder auf eine andere Meditationsmethode überzugehen kann auch heißen, dass es für Sie von Vorteil ist, im Rahmen eines kürzeren oder längeren Kursangebotes oder, falls Sie an Ihrem Wohnort die Möglichkeit haben, regelmäßig unter kompetenter Anleitung zu meditieren.

5. Die Spielregeln, die eben für den Umgang mit vorgegebenen Übungen aufgestellt worden sind, gelten ebenso für den Umgang mit Meditationslehrern und -lehrerinnen. Halten Sie sich genau an die Vorgaben und reflektieren Sie in regelmäßigen Abständen, ob diese Person, ihr Verhalten und ihre Methode für Sie eine Hilfe sind oder nicht.
6. Geben Sie die Verantwortung für Ihre Meditationspraxis, Ihren inneren Weg nie an den Lehrer oder die Lehrerin ab, oder höchstens für eine kurze, gegenseitig abgesprochene Zeitspanne, wenn Sie z. B. in einer schwierigen Entwicklungsphase stecken und befürchten, vor lauter Fragen nicht ins Üben zu kommen oder methodisch falsch zu entscheiden.
   Personen, die sich auf höhere Einsichten, auf innere Eingebungen, auf ihnen durch göttlichen Ruf übertragene und »in aller Demut übernommene« Autorität berufen, sollten Sie meiden: Offene und versteckte, auch religiös verbrämte Machtspiele schaden der Meditation und zehren Ihre Kräfte auf. Grundsätzlich gilt im Hinblick auf die leitende Person: Ihre eigene ehrliche Suche, ihre Fähigkeit, den eigenen Weg und den Weg anderer zu reflektieren, und ihr integrer Charakter zählen für die Begleitung in der Meditation mehr als ein etwaiger Erfahrungsvorsprung – vor allem wenn dieser Erfahrungsvorsprung demonstriert werden muss …
7. Wenn Sie sich auf die Meditationspraxis einer anderen Religion und damit auf eine fremde Kultur einlassen und wenn Sie sich zudem der Leitung einer Person aus dieser fremden Kultur unterstellen, entstehen zusätzliche Spannungsfelder, die Sie rechtzeitig und immer wieder überdenken sollten. Das Fremde kann sehr stark befremden und, positiv, einen neuen, bisher verschlossenen Zugang zu Ihrem eigenen Leben eröffnen. Die Exotik des Fremden kann aber auch, negativ, zum Selbstzweck werden und von den entscheidenden Entwicklungsschritten

ablenken. Wenn Sie mit Lehrern und Lehrerinnen aus fremden Kulturen in Kontakt kommen, respektieren Sie die ganz andere Tradition und lassen Sie sich herausfordern, ohne die Verantwortung abzugeben. Wenn Sie auf europäische oder amerikanische Lehrer und Lehrerinnen stoßen, die sich mit einer fremden Kultur ausstaffiert und kostümiert haben, lohnt es sich, mehrfach genau hinzusehen, es kann sich um Falschmünzer handeln.

Wer zu meditieren beginnt, malt sich gern aus, dass sich die gesammelte Ruhe, die sich während einer Meditationsübung einstellt, mit der Zeit auf den ganzen Tag erstrecken wird, und hält dies für ein »meditatives Leben«. Diese Phantasie geht, glücklicherweise, nie auf.

Es ist kein erstrebenswertes Ziel, möglichst viel Zeit in dieser nach innen gerichteten Sammlung zu verbringen, auch wenn dies für die Spanne von Meditationstagen und -kursen richtig sein kann. Die innere Haltung, die sowohl die Meditationsübung als auch den Alltag umfassen kann, ist die Achtsamkeit. Es handelt sich um eine respektvolle, auf Wahrnehmung ausgerichtete, ganz dem einzelnen Moment und seinen Forderungen verpflichtete Aufmerksamkeit. In die Achtsamkeit führen die Übungen dieses dritten Teils ein. Sie legen den Akzent auf die sinnenhafte Wahrnehmung und Orientierung und auf die immer stärkere Präsenz im jeweiligen Augenblick.

Den Tag sehen

Die Übung *Den Tag planen* (vgl. S. 147) hat zum Ziel, uns sichtbar zu machen, nach welchen Wünschen und Wertvorstellungen wir leben. Gerade im Hinblick auf die Achtsamkeit ist diese Erfahrung wichtig. Nur jene Wünsche und Wertvorstellungen, von denen wir wissen, dass sie Macht und wie viel Macht sie über uns besitzen, können wir auch loslassen, ihren Einfluss zumindest verringern. Denn Wünsche und Wertvorstellungen haben es in sich, uns daran zu hindern, der Wirklichkeit zu begegnen. Beide haben sie die Tendenz, sich bestätigen zu lassen. Oder anders gesagt: Gefangen in unseren Lieblingsvorstellungen sehen wir immer weniger die Notwendigkeit, solche Vorstellungen zu verändern, weil sie ja stimmen …

Die Übung zielt nicht darauf ab, diese Wünsche und Wertvorstellungen aufzulösen. Die Meditationsübungen leisten diesbezüglich genügend Vorarbeit. Die Übung will uns lediglich vor Augen führen, dass wir von Wünschen und Wertvorstellungen geprägt sind und welche Kategorien in unserem persönlichen Leben eine Rolle spielen. In dem Ausmaß, in dem sie uns bewusst werden, können wir darüber bestimmen, ob und bis zu welchem Grad sie tatsächlich Einfluss bekommen sollen. Wünsche und Wertvorstellungen, die unbewusst bleiben, agieren als graue Eminenzen.

In der spirituellen Schulung einiger Meditationswege wird auf die Absichtslosigkeit großes Gewicht gelegt, auf eine Haltung also, die es erlaubt, ganz im Moment zu leben, d. h. auf den jeweiligen Moment richtig zu reagieren und ihm entsprechend zu handeln. Die mündliche oder schriftliche Beschreibung dieser Haltung kann so faszinierend ausfallen, dass wir uns verfrüht vormachen, bereits so weit zu sein. Wir glauben, absichtslos zu reagieren, in Wirklichkeit werden wir aber von Wünschen und Wertvorstellungen bestimmt, die für uns so selbstverständlich sind, dass sie uns nicht einmal mehr auffallen.

Brian Victoria, Zen-Priester und Professor für asiatische Sprachen und Literatur an der Universität Auckland in Neuseeland, hat in seinem Buch *Zen, Nationalismus und Krieg. Eine unheimliche Allianz*[37] aufgezeigt, wie selbst »erleuchtete« Meister der Zen-Tradition nationalistische Tendenzen im eigenen Bewusstsein und in ihrer Umgebung nicht erkennen und so der Kriegshetze, der Menschenverachtung und der Verherrlichung des Krieges verfallen konnten. Die Absichtslosigkeit (der Untergebenen und Angeleiteten) wurde dadurch sehr schnell in Kadavergehorsam umfunktioniert. Brian Victorias Untersuchung macht deutlich, dass gerade die Absichtslosigkeit, dass auch Erleuchtungserfahrungen jederzeit durch ideologische Vorstellungen gefährdet bleiben. Was er anhand der kriegsbegeisterten Tendenzen unter den maßgebenden japanischen Zen-Meistern in der ersten Hälfte des 20. Jahrhunderts nachweist, kann im Laufe der Jahrhunderte auch bei islamischen und christlichen Mystikern entdeckt werden. Ein Paradebeispiel auf christlicher Seite ist Bernhard von Clairvaux (1090–1153), ein kirchlich anerkannter Heiliger und Mystiker: Mit Eifer und Hingabe ließ er sich zu seiner Zeit in die Propaganda für den zweiten Kreuzzug (1147–1149) einspannen.

Die Übung *Den Tag planen* geht davon aus, dass wir noch weit von der Absichtslosigkeit der Erleuchteten entfernt sind. Sie lässt zum inneren Bild werden, was uns bestimmt. Sie lädt ein zu überprüfen, ob wir in den festgestellten Einflusssphären bleiben oder uns allmählich aus ihnen lösen und uns unter andere Wünsche und Wertvorstellungen begeben wollen. Der wiederholte Vollzug der Übung fördert die Selbsterkenntnis und ermöglicht es uns, mindestens bis zu einem bestimmten Grad mitzubestimmen, was uns bestimmt. Die Übung kann unser Leben vereinfachen.

Es kann durchaus sein, dass diese Übung bei Ihnen das Bedürfnis nach religiöser, philosophischer, ethischer Klärung wachruft. Wenn sich bei Ihnen dieses Bedürfnis meldet, geben Sie ihm Raum. *Den Tag planen* ist eine Übung, die z. B. bei mir persönlich das Bedürfnis nach Entspannung wachruft. Ich nehme stärker als früher die Wünsche und Wertvorstellungen auch als körperliche Muster wahr. Ich verkörpere diese Prägungen. Und ich habe den Eindruck, dass es mir dank der Entspannung gelingt, ihr Wirken rechtzeitig wahrzunehmen – die Wünsche und Wertvorstellungen haben eine Körpersprache – und sie dank der Wahrnehmung vermehrt loszulassen.

Falls Sie zu perfekten Lösungen neigen, setzen Sie sich bei der Übung *Den Tag planen* und bei ähnlichen Übungen nie unter den Druck, nun alle Wünsche und Wertvorstellungen aufzugeben oder nur noch unter dem Einfluss von sehr hochstehenden, spirituell waschechten Wertvorstellungen zu handeln. Daraus wird meistens nur eine umfassende Selbsttäuschung, ein Ausblenden der alltäglichen Realität. Denn unser menschliches Leben verdankt sich einer Vielzahl von unterschiedlichsten Anregungen, Wünschen, Ängsten und Vorbildern. Und diese Vielzahl gehört zu unserem Reichtum. Dass uns Tag für Tag ein Stück klarer wird, was uns bestimmt, anregt oder abhält, anzieht oder abschreckt, reicht für den spirituellen Weg.

Den Sinnen Sinn geben

Die Achtsamkeit nimmt die Innen- und Außenrealität ernst. Deshalb lebt die Achtsamkeit von einer Kultur der Sinne. Während die Wünsche, Wertvorstellungen, rationalen und irrationalen Konzepte oft ein Hindernis bilden, das uns den Zugang zur Realität verbaut, erschließen uns die Sinne diesen Zugang. Sie bilden eine wichtige Brücke zum Neuland der Absichtslosigkeit.

Vom routinierten Leben habe ich bereits gesprochen. Was in der Routine untergeht, ist die Bedeutung der Sinne. So kann der Routine am besten entgegengewirkt werden, wenn wir die Sinne betonen. Und jeder Tag bietet eine großartige Fülle an Sinneseindrücken und Empfindungen, zumindest an Gelegenheiten, sich den Sinneserfahrungen immer wieder neu zu stellen.

Bei mir selbst habe ich festgestellt, dass ich mich gern auf einzelne Sinne spezialisiere. Ich meine damit die Tatsache, dass je nach Situation bei mir das Hören oder das Sehen, das Schmecken oder das Riechen im Vordergrund steht. Ich habe mir angewöhnt, bestimmte Bereiche über das Gehör beziehungsweise über die Nase zu erreichen. Und dies ist bereits der Beginn der Routine, jener bloßen Wiederholung der Bezeichnung, der Worthülse, der der Kontakt mit der Realität fehlt.

Ich habe deshalb angefangen, bei möglichst vielen Gelegenheiten mindestens zwei Sinne zu kombinieren: einen schmackhaften Teller auch zu sehen, eine farbenprächtige Blume auch zu berühren, auf eine schöne Frau auch zu hören, mich von den Klängen eines Konzerts auch berühren zu lassen. Es gibt viele überraschende Kombinationen. Falls Sie ein solches Spiel ebenfalls reizt, gehen Sie am besten von dem Sinn aus, der bei Ihnen am stärksten ausgeprägt ist. Pflegen Sie diesen Sinn bewusst in den bisherigen und in neuen Situationen und stellen Sie ihm als Begleiter einen weiteren Sinn zur Seite; vielleicht einen Sinn, der sonst bei Ihnen zu kurz kommt und sich allein kaum in den Vordergrund wagt. Sobald Sie spüren, dass der Begleitersinn seine eigene Stärke entwickelt und bei bestimmten Situationen berechtigterweise den Vorrang einnehmen möchte, unterstützen Sie ihn. Wenn Sie ein ausgeprägter Augenmensch sind, geben Sie Ihren Augen die Ohren mit oder die Nase und umgekehrt; setzen Sie der Kombinationsfähigkeit nicht vorschnell eine Grenze. – Dass es bei diesem Spiel nicht um ein sinnliches Raffinement geht, versteht sich von selbst; es geht um Ihre Wachheit, Ihre Beziehungsfähigkeit, Ihre Achtsamkeit – Grundhaltungen, die durch die sensorische Intensität gefördert werden.

Eine Kultur der Sinne wird zudem durch die Auseinandersetzung mit künstlerischen Werken anderer Menschen gefördert und, soweit möglich, durch das persönliche künstlerische Schaffen. Auch hier kann es sinnvoll sein, dem ausgeprägtesten Sinn einen weiteren Sinn zur Seite zu stellen, sei es im Hinblick auf die Beschäftigung mit den künstlerischen Werken anderer, sei es im Hinblick auf die eigene schöpferische Tätigkeit.

Fachbücher, die sich mit den Sinnen beschäftigen, unterscheiden normalerweise die Nahsinne und die Fernsinne. Die Fernsinne sind als solche unserem alltäglichen Bewusstsein geläufiger: Gesicht, Gehör, Geruch, Geschmack, aktive Berührung. Sie schaffen den Kontakt zu den Gegebenheiten außerhalb der eigenen Person. Sie können sogar räumliche Distanzen überwinden. Die Nahsinne orientieren im Gegensatz dazu über die Vorgänge, die sich direkt am oder im Körper abspielen. Zu ihnen zählt die Sensibilität der Haut, die nicht gleichmäßig, sondern unterschiedlich dicht verteilt mit Rezeptoren ausgerüstet ist. Diese Rezeptoren reagieren unter ganz verschiedenen Aspekten auf Druck. Zu den Nahsinnen gehören auch der Gleichgewichtssinn und die Tiefensensibilität – sie wird wiederum je nach Leistung, die für das Bewusstsein erbracht wird, in verschiedene Sinne aufgefächert: den Stellungssinn, den Bewegungssinn, den Kraftsinn. Von den Nahsinnen gehen für die Entwicklung des Menschen in seinen ersten Lebensjahren die entscheidenden Impulse aus. Deshalb sind verschiedene Formen der Körper- und Psychotherapie stark mit der Entfaltung der Nahsinne verbunden.

Auch die Beschäftigung mit der Entspannung und der Meditation verstärkt das Bewusstsein für die Empfindungen, die von den Nahsinnen ausgehen. Diese Nahsinne machen das reglose Sitzen in der Meditation zu einem eigentlichen Abenteuer. Denn sie übermitteln ständig die kleinsten Veränderungen: in der Balance des Körpers, durch stimmungsmäßige Schwankungen, die sich auf den Körper auswirken, durch Erinnerungsmuster, die mit bestimmten Gefühlen verbunden sind, durch Erwartungen, die Sehnsucht, Ängste oder Verunsicherungen auslösen. Von den überaus feinen Nahsinnen her erlebt, gibt es gar kein regloses Sitzen. Der Körper ist ständig in Bewegung, das Bewusstsein ständig herausgefordert, die vielen Sinneseindrücke aufzunehmen und sie als Wahrnehmungen zu verarbeiten. Die Nahsinne wirken umso stärker auf unser Selbstverständnis, je mehr es uns gelingt, die Sinnesempfindungen auch wahrzunehmen, wenn wir in Bewegung sind: bei Yogastellungen, beim Tanzen, aber auch bei alltäglichen Bewegungen.

Achtsam werden wir, wenn wir bei allem, was wir vollziehen, die Nahsinne und Fernsinne aktiviert haben und in einer gesammelten Mitte wahrnehmen, was sie uns mitteilen: über die Dinge und Personen um uns herum und über uns selbst und unsere Reaktionen diesen Dingen und Personen gegenüber.

In den meisten spirituellen Schulungswegen wird von den Fern- und Nahsinnen als den äußeren Sinnen gesprochen. Ihnen werden die inneren Sinne gegenübergestellt. In der christlichen Tradition haben die inneren Sinne bei den Mystikern und Mystikerinnen schon immer eine wichtige Rolle gespielt; im Rahmen der ignatianischen Exerzitien, in den Meditations- und Gebetsübungen, die Ignatius von Loyola (1491–1556) als Übungsweg zusammengestellt hat, sind sie sogar populär geworden. Mit den inneren Sinnen umschreibt man die Fähigkeit, sich Erinnerungen und Vorstellungen nicht nur abstrakt zu vergegenwärtigen, d. h. reduziert auf ein handliches Wort oder verdichtet zu einer knappen Formel, sondern belebt durch die Sinneseindrücke.

»Wie kann man sich nun einübend einlassen auf die Anwendung der Sinne? Der beste Weg ist, dass man sich eine Zeitlang wach auf die eigenen normalen Bewusstseinsvorgänge einlässt, lebendige Erinnerungen an Menschen und Ereignisse da sein lässt, die einem vertraut und bedeutsam sind. Danach mag man übergehen zu Schriftstellen, die einem ebenfalls besonders lieb geworden sind, und dort mit behutsamer kreativer Phantasie die eigenen Sinne zu Wort kommen lassen.

Ebenso wird es eine Hilfe sein, Bilder zu betrachten, die einem viel sagen, indem man sie zuerst mit offenen Augen anschaut und in sich eindringen lässt, dann die Augen schließt, das innere Bild anschaut und auf sich wirken lässt.

Weiterhin kann es für den, der sich bewusst einüben will, eine Hilfe sein, wenn er seine normale Lektüre mit der Anwendung der Sinne liest [...].

Eine andere Weise, die Kraft der eigenen Sinnenhaftigkeit mehr aufleben zu lassen, kann schließlich sein, wenn man eine Zeitlang sein Interesse den eigenen Träumen zuwendet, d. h. sich an sie zu erinnern und die erschauten Personen und Ereignisse zu sehen versucht. Im Traum geschieht eine starke Anwendung der Sinne. Im Traum ereignet sich geistig Bedeutsames, vor allem im Medium der Sinnenhaftigkeit und kaum auf der Ebene des Taghaft-Rationalen.«[38]

Die inneren Sinne wecken tiefere seelische Kräfte als Worte und Formeln. Wenn Sie sich in der meditierenden »Vorarbeit« oder »Nacharbeit« sinnenhaft auf die Erfahrungen eines Tages einlassen, kommen Sie dem Geschehen näher, als wenn Sie den Tag bloß überdenken. Sie erleben Ihre eigene Präsenz in diesem Tag ganzheitlich. Und Ihre Präsenz verbindet sich mit der körperlichen Basis.

Die Aufhebung der Gegensätze

Unsere Sinne, aber auch unsere rationalen Überlegungsmuster orientieren sich leichter, wenn sie mit Polaritäten arbeiten können. Und aus Polaritäten und gegenläufigen Tendenzen werden gern Gegensätze. Die meisten von uns gewöhnen sich an, ihr Leben von bestimmten Gegensätzen her zu betrachten und oft gelten diese Gegensätze als unüberbrückbar und unverbindbar. Aus dieser alltäglichen polarisierenden Orientierung sind philosophische und religiöse Systeme entstanden; sie rechnen mit Dualismen, mit obersten Prinzipien oder göttlichen Kräften, die sich in einem ständigen Austausch befinden und so ein Gleichgewicht schaffen oder einander unversöhnbar gegenüberstehen. Die Zwei bleibt die Grundzahl dieser Systeme.

Dieser Art wahrzunehmen, sich zu orientieren und philosophisch weiterzudenken, steht die monistische Sicht- und Erlebensweise gegenüber, eine Erlebnisweise, die stark mit der Meditationspraxis verbunden ist. Sie zeichnet sich dadurch aus, dass die Einheit, das Verbindende hinter den Gegensätzen gesucht und betont wird. Sie stützt sich auf die Erfahrung, dass in uns das eine Bewusstsein die widersprüchlichen Erfahrungen aushält und überragt, dass analog das Göttliche als das Eine, Verbindende über den von uns wahrgenommenen Gegensätzen stehen muss.

Wer meditiert, wird Schwierigkeiten bekommen, wenn er sich auf eine der beiden Deutungsweisen der Lebenserfahrungen spezialisieren will. Denn durch die verstärkte Wahrnehmung auf der Ebene der Sinne und den bewussten Umgang mit der alltäglichen Realität wird er mit der Vielfalt und der Widersprüchlichkeit der Ereignisse in Verbindung kommen. Zugleich weitet sich durch die eigentliche Meditationspraxis und die dank der Meditation vertiefte Achtsamkeit das Verständnis für das, was Gegensätze verbindet, die Einheit hinter den Widersprüchen, die Geborgenheit in allen Herausforderungen. Es scheint mir die zentrale Aufgabe des spirituellen Weges zu sein, diese Spannung auszuhalten. Es ist eine kraftvolle Spannung, sie kann sich auf die persönliche Weiterentwicklung positiv auswirken. Wer sich zu früh für eine der beiden Deutungsweisen entscheidet, beraubt sich dieser Kraft und verbleibt an der Oberfläche der Spiritualität. Oder anders gesagt: Visionen und Aussagen der Einheit sollten aus der schmerzhaft mehrdeutigen Erfahrung des Alltags erwachsen.

Für die Gestaltung des Alltags bedeutet dies konkret, dass es zu Verunsicherungen kommen kann, weil die bisherige, als gültig betrachtete Orientierungsweise ihren Rang mit einer anderen Sichtweise teilen muss. Verstärkt werden sowohl die Bezüge zum Alltag wie auch die Bezüge zur Stille, letztlich zu Gott, der in den Polaritäten des Alltags allein nicht auszumachen ist.

Franz Fassbind hat die Spannung, um die es hier geht, in einem humorvollen und herausfordernden Gedicht gestaltet:

Unterwegs
Was findet statt,
Wenn etwas ausfällt?

Was fällt aus,
Wenn etwas stattfindet?

Möglich ist der
Misserfolg erfolgreicher
Bemühungen.

Denkbar ist der
Erfolg erfolgloser
Bemühungen.

Brich mit dem
Lähmenden Prestige
Unvollständiger Fakten.

Suche den leitenden Faden
Und die schwierige Tür,
Welche hinausführt
Ins Freie.[39]

Erfolg und Misserfolg sind die beiden großen Gegensätze auf der Wertskala, an der wir immer wieder unser Leben messen. Franz Fassbind hebt sie als Gegensätze nicht auf, er betont lediglich, dass sie nicht immer vom menschlichen Bemühen allein abhängen, dass sie deshalb wie alle Gegensätze als Verständnishilfen für das eigene Leben nicht ausreichen. Mit den Fragen der beiden Eingangsstrophen hat er bereits einen noch größeren und tiefer reichenden Horizont abgesteckt: Wir Menschen tendieren dazu, als unser Leben zu betrachten, was sich ereignet. Dabei bilden diese Ereignisse, das, was stattfindet, nur einen Bruchteil dessen, was unser Leben ausmacht. Auch der Gegensatz: Es hat stattgefunden – es hat nicht stattgefunden, reicht für das Verständnis des Lebens nicht aus. Im Gedicht bezeichnet Franz Fassbind diese Wertungen als ein Sich-lähmen-Lassen durch unvollständige Fakten.

Als christlicher, mit dem mystischen Denken vertrauter Dichter gibt er in seinem Gedicht der Sehnsucht Ausdruck, dass sich in den alltäglichsten und widersprüchlichsten Erfahrungen ein Sinn erschließt, der unser ganzes Leben durchzieht und über dieses Leben hinausreicht, da er von Gott ausgeht und Gott in unserem Leben gegenwärtig setzt. Als moderner Dichter scheut er sich, diesen Sinn mit Worten eindeutig zu benennen; er beschreibt nur den Weg aus der eigenen Enge »Ins Freie«. Er fordert auf, die unzureichenden Polaritäten aufzugeben und dem zu trauen, was außerhalb dieser Wertungen liegt. Er betont dadurch, dass wir in uns nicht nur über die Ebene der sinnenhaften und rationalen Muster verfügen, sondern auch Zugang zu einem Freiraum besitzen, der sich ihnen entzieht.

Dass man dank der inneren Verbundenheit mit Gott aus den Polaritäten herausfallen und das Leben ganz von der einen Mitte her gestalten kann, wird in den Lebensgeschichten vieler Mystiker und Mystikerinnen deutlich. Stellvertretend für sie alle soll hier kurz auf Ramana Maharshi (1879–1950) hingewiesen werden, einen indischen Mystiker der Advaita-Tradition, für mich ein faszinierendes und erschreckendes Beispiel der Einheitserfahrung. Was Ramanas Entwicklung besonders macht, ist die Tatsache, dass er diese Erfahrung nicht gesucht, sondern sie sich in ihm durchgesetzt hat, und zwar in seinem siebzehnten Lebensjahr. Der junge Ramana glaubte, sterben zu müssen. Ohne Vorzeichen, ohne Vorbereitung überfiel ihn eine Todesangst. Und er begann, sich auf den Tod einzulassen, er ließ sich sterben. Mitten in diesem Geschehen begann in ihm aber auch das Bewusstsein wach zu werden, dass es in ihm etwas gab – ein Ich, die Kraft seines Wesens –, das nicht vom Sterben des Körpers abhängig war. Und diese Kraft wurde für ihn zu einer prägenden Erfahrung. Er schrieb später in einem Rückblick:

»All das aber war nicht bloß ein Vorgang in meinem Denken, es stürzte als lebendige Wahrheit in Blitzen auf mich ein: ich ward es unmittelbar gewahr, ohne Überlegen oder Folgern. ›Ich‹ war ein höchstes Wirkliches, das einzige Wirkliche in diesem Zustande, und alles bewusste Geschehen, das an meinem Leibe hing, war darauf versammelt. Dieses ›Ich‹ oder mein ›Selbst‹ blieb von diesem Augenblick an mit allmächtiger Anziehungskraft im Brennpunkt meiner wachen Aufmerksamkeit. Die Furcht vor dem Tode war ein für allemal vergangen. Dieses Verschlungensein ins ›Selbst‹ hat von jener Stunde an bis heute nicht aufgehört. Andere Vorstellungen und Gedanken mögen kommen und gehen wie viele Töne einer Musik, aber dieses Ich dröhnt als Grundbass fort, der sie alle begleitet und sich mit ihnen verbindet. Ob mein Körper mit Sprechen, Lesen oder sonst etwas befasst war, immer blieb ich auf dieses ›Ich‹ versammelt.

Vor dieser Wandlung hatte ich keine klare Erfahrung von meinem Selbst, ich war nicht bewusst darauf gerichtet. Ich empfand kein unmittelbares merkliches Interesse daran, geschweige denn eine dauernde Verfassung, darin zu verweilen. Die Folgen meiner neuen Einstellung wurden bald an meiner veränderten Lebensweise sichtbar.«[40]

Der junge Ramana begab sich ein paar Wochen nach dieser Erfahrung an einen bekannten indischen Wallfahrtsort, nach Tiruvannamalai, erhielt dort von Sadhus die Deutung seiner Erfahrung und spirituelle Unterstützung. Er lebte Jahre zurückgezogen in einer Höhle des heiligen Berges Arunachala und lehrte später viele Menschen den Zugang zur eigenen Gottverbundenheit.

Sein Biograf Heinrich Zimmer deutet die oben geschilderte Einheitserfahrung mit den folgenden Worten:

»Da man gestorben ist, so ist man todlos, unsterblich. Alles Mögen und Nichtmögen fällt dahin. Willigkeit zu allem, Bereitschaft, Lasten zu tragen, Gleichmut zum Schwersten sind an ihre Stelle getreten. Das Fragezeichen des Daseins hat sich aufgelöst; alles Äußere ist nur ein immer anderes Wie, das nicht an einen herankommt. Die Reihe der Reize wie der Widerstände für dieses Wie wechselnder Situationen ist überwunden. Man ist geschlechtslos geworden. ›Sterben‹, – spricht einer, der durch diese Erfahrung gegangen ist, – ›sterben kann ich nicht. Das habe ich schon hinter mir, wie einer das Kindsein und Jungsein‹. Wie alle Lasten gewichtslos werden, wächst ein ahnendes unwillkürliches Verstehen der Umgebung: sie wird durchsichtig. Ein physiognomisches Durchschauen der Gestalten und Gebärden ringsum stellt sich ein, ein Sinn für die umfassende ›signatura rerum‹ der Erscheinungen, da das trübende Ich nicht mehr verwölkend zwischen dem ursprünglichen Blick und die Welt tritt. Dem Verwandelten bleibt nichts stumm, seine Teilnahmslosigkeit ist allem offen; gleichsam durchlässig geworden, hat er intuitiv an allem teil.«[41]

Heinrich Zimmer beschreibt im Anschluss an Ramanas Erleben auf ausgezeichnete Art nicht nur die Verbindung von innerer Einheit und äußerer Vielfalt, sondern auch den notwendigen Durchgang zu dieser Erfahrung: die Auseinandersetzung mit der schmerzhaftesten Polarität, mit Leben und Sterben.

Unsere Atembewegung ist im Einatmen und Ausatmen den Polaritäten verpflichtet, als Lebensstrom trägt und umgreift sie zugleich diese Polaritäten. Im Üben mit der Atembewegung, sei es während der Entspannung, sei es während der Meditation, können wir uns an die Polarität von Leben und Sterben und an die uns tragende Lebenskraft herantasten. Je entspannter und unverstellter wir das Atemgeschehen zulassen, desto prägender kann es uns erfassen und in der Gestaltung des Alltags zur Hilfe werden. Denn im Alltag können und dürfen wir uns nicht verabschieden: weder von der vielfältigen und gelegentlich widersprüchlichen Realität noch von der Erfahrung der Einheit.

In der Zen-Tradition wird die folgende, etwas boshafte Unterscheidung von Meditierenden weitererzählt: Bevor jemand spirituell aufbricht, ist für ihn der Tisch einfach ein Tisch, der Baum ein Baum, die Rose eine Rose usw. Wenn die innere Übung entdeckt wird, ist ein Tisch kein Tisch, ein Baum kein Baum, eine Rose keine Rose mehr. Doch nach den entscheidenden Erfahrungen ist der Tisch wieder ein Tisch, der Baum ein Baum, die Rose eine Rose. Etwas weniger kurz und weniger boshaft formuliert: Die Meditation mit ihrer Tendenz zur Erfahrung der Einheit »hinter« den Dingen kann dazu verführen, die alltäglichen Realitäten abzuwerten. Der Alltag verliert an Reiz, man fühlt sich zu »Höherem« berufen. Man möchte auswandern. Wo man nicht um den Alltag herumkommt, versucht man ihn vom Höheren her neu oder umzudeuten, sodass dann eben ein Tisch kein Tisch mehr ist … Es braucht die Wachheit für beide Ebenen, für den ganzen Atem. Dann ist es nicht mehr notwendig, die alltägliche Realität zu missachten; von der Mitte her, von der Verbundenheit mit Gott her hat sie den ihr zustehenden Raum.

Wenn es für jemanden schwierig wird, sowohl das Alltagsbewusstsein als auch das Bewusstsein für die Einheit der Dinge zu entfalten, rate ich jeweils dazu, dem Alltagsbewusstsein den Vorrang zu geben, auch wenn dadurch die regelmäßige Meditationspraxis erschwert wird. Die Gründe für diesen Rat liegen in den folgenden Erfahrungen: Das wache Alltagsbewusstsein fällt weniger leicht auf Illusionen herein als die Sehnsucht nach Einheit. Und im Alltag liegt eine genügend starke und überraschende »innere« Führung – vor allem wenn wir ihm spirituell gerecht zu werden versuchen –, sodass sich eine Weiterentwicklung auf jeden Fall einstellt.

Der Reichtum der Pausen

Die Gestaltung des Alltags im Zeichen der Stille verlangt nach Pausen und zwar im ursprünglichen Sinne des Wortes. Das deutsche Wort »Pause« leitet sich von einem griechischen Wort ab mit der Bedeutung von: aufhören, ablassen. Wenn wir mit unserer Entspannung und unserem Meditieren all den anderen Verpflichtungen – oder Freizeitbeschäftigungen – noch eine weitere hinzufügen, wird die Stille noch nicht zu einem Wesenselement unseres Alltags. Erst wenn wir in der Entspannung und während der Meditation von allem anderen ablassen und die Kette unserer Beschäftigungen unterbrechen, entsteht die wesentliche Stille.

Ich gehe davon aus, dass fast alle Menschen diese Form von Pause kennen, vielleicht noch nicht in der Form der Meditation, aber in anderer Art und Weise. Schon mehrfach habe ich von meiner eigenen Freude am Wandern erzählt; das Unterwegssein, der Aufenthalt in weniger dicht besiedelten Regionen, der Rhythmus des Gehens, das bekommt für mich den Charakter einer solchen Pause. Andere erleben es in der Lektüre dichterisch inspirierter Texte, wenn sie sich von musikalischen Werken erfüllen lassen, wenn sie ein Bild oder eine Figur betrachten. Auch die intensive Begegnung mit einem anderen Menschen kann dazu führen, dass alles andere an Bedeutung verliert, in einem bestimmten Sinn für uns zu existieren aufhört und wir im Raum der Begegnung auf eine Ebene des Lebens gelangen, die wir bei den gewohnten Beschäftigungen nicht erreichen.

Wenn Sie noch wenig Erfahrung in Entspannung und Meditation mitbringen, so steht am Anfang verständlicherweise Ihr eigenes Bemühen im Vordergrund. Entspannung und Meditation befinden sich dadurch noch in derselben Reihe wie alle anderen »Bemühungen«. Sie haben das Bedürfnis, sich anzustrengen, sich zu kontrollieren, es richtig zu machen, eine gute Leistung vorzuweisen und Erfolg zu erleben. Das gehört zum Anfang. Stimmen Sie sich innerlich darauf ein, dass diese Aspekte mit der Zeit eine immer kleinere Rolle spielen. Und je weniger wichtig sie werden, desto leichter fällt es Ihnen, in der Entspannung und Meditation auf echte Art zu pausieren, ohne an Disziplin und Präzision zu verlieren.

Die Ritualisierung der Entspannung und Meditation kann ebenfalls dazu beitragen, dass aus ihnen besondere Momente werden. Bereits die Regelmäßigkeit trägt zur Ritualisierung bei. Sie kann zusätzlich noch gefördert werden, indem etwa die Ecke des Raums oder der ganze Raum, in dem Sie entspannen oder meditieren, geschmückt wird: mit Blumen, mit einer Kerze, mit Symbolen, die auf Entspannungs- oder Meditationserfahrungen hinweisen. Die Auszeichnung des Raumes kann aber auch im Gegenteil bestehen, nämlich darin, dass Sie alles aus ihm entfernen, was nicht unbedingt dazugehört. Der freie, unverstellte Raum wird dann zum Abbild dessen, was Sie innerlich suchen. Bestimmte Bewegungen, Gesten, vielleicht auch Gebete, die Sie vor oder nach der Meditation durchführen, dienen ebenfalls der Ritualisierung: Begrüßen Sie den Raum und die Stelle, an der Sie entspannen oder meditieren. Verabschieden Sie sich vom Raum auf dieselbe Art. Schaffen Sie sich ein Zeichen, mit dem Sie am Morgen beim Aufstehen und am Abend, wenn Sie zu Bett gehen, an die letzte Meditation anknüpfen. – Es gibt viele Möglichkeiten, versuchen Sie herauszufinden, welche für Sie und in Ihren konkreten Lebensumständen hilfreich sind.

Wenn Sie entdecken, dass Ihnen viel Zeit für die Entspannung und Meditation zur Verfügung steht, ist es im Hinblick auf die Intensivierung der Erfahrung besser, wenn Sie sich zweimal oder dreimal am Tag Zeit für eine Übung nehmen, als wenn Sie die eine Übungszeit ausdehnen. Achten Sie auch bei einem mehrmaligen Üben darauf, dass Sie die einzelne Übung bewusst beginnen und bewusst abschließen, damit Sie nicht in der Übungsstimmung hängen bleiben …

Ein Signal dafür, dass ich in der Meditation die Kette der üblichen Beschäftigungen durchbrochen habe, besteht für mich in der Qualität der Energie, die ich in der Meditation gewinne. Sie unterscheidet sich von der Energie, die ich sonst erfahre, sei es im Austausch mit Menschen, sei es im Austausch mit Themen. Sie erschöpft sich weniger schnell als die Energie, die mir sonst vertraut ist. Mein Einsatz in den verschiedenen Arbeitsbereichen wird zwar von dieser Energie getragen, braucht sie aber nicht auf; vielleicht, um wieder das Thema des Gehens und Wanderns zu berühren, wie wenn jemand im Gehen den ihm im Tiefsten entsprechenden Rhythmus gefunden hat und nun stundenlang gehen kann, ohne zu ermüden; es ist, als ob die Schritte zu ihrer eigenen Kraftquelle würden.

Wenn es im Zusammenhang mit der Entspannung und Meditation überhaupt erlaubt ist, von »Fortschritt« zu sprechen, so kann er vielleicht an der Erfahrung festgemacht werden, dass sich immer häufiger und in ganz unterschiedlichen Beschäftigungen solche Durchbrüche einstellen. Egal, was wir tun, es wird zu einem speziellen Moment. Es hat sich aus der Kette der Wiederholungen gelöst. Es erfüllt sich, indem wir mit der ihm eigenen Energie beschenkt werden. Dschelal ud-Din Rumi hat dafür das Bild gefunden:

> Der Fuß erkennt
> den ihm zugehörigen Schuh
> auch in der Dunkelheit.[42]

Vom einfachen Leben

Zu den Kennzeichen einer authentischen Spiritualität gehört meines Erachtens die Einfachheit. Deshalb möchte ich ans Ende des dritten Teiles ein Gedicht setzen, das verwirrend einfach von der Einfachheit spricht. Es stammt von Werner Lutz und ist Ende der 1970er Jahre entstanden. Ich kenne es seit 1986 und führe seit Jahren intensive Gespräche mit ihm.

EINFACH DIE NACHT
Einfach die Nacht
mit ihrer breiten Mündung.
Einfach der Tag
mit seinem luftigen Zelt.
Einfach die Vogelflüge.
Sie schreiben Leben
auf die Unendlichkeit.
Einfach die Dinge.
Sie atmen mit mir.
Einfach die Stille
durch die der Tod mich
betreten wird.
Einfach der Staub.
Er gibt dem Staub die Hand.[43]

Das Gedicht lebt unübersehbar vom Wort »einfach« und setzt es in der ganzen Vielfalt seiner Bedeutung ein. Wenn wir vom Adjektiv »einfach« ausgehen, so klingt sowohl die Bedeutung von »einmalig« als auch die Nuancierung »unkompliziert, mühelos, leicht« an. Und beide Lesarten führen direkt zu den wichtigsten Themen beziehungsweise Lebenshaltungen, die in diesem Buch zur Sprache gekommen sind: die Erfahrung der Einmaligkeit und die Erfahrung der Leichtigkeit und Mühelosigkeit in unserem Leben.

Das Gedicht weist vorerst auf die Einmaligkeit der Tageszeiten und ihres inneren Gehaltes (»breite Mündung« beziehungsweise »luftiges Zelt«) hin, aber auch auf die Einmaligkeit jeder Nacht und jeden Tages. In den Formulierungen des Gedichtes wird sprachlich greifbar, welche kraftvolle Energie in den einzelnen Momenten und Dingen steckt, wenn wir sie in ihrer Einmaligkeit wahrnehmen und anerkennen. Eine besondere Kraft gewinnt die Einmaligkeit, wenn es um den Moment des eigenen Sterbens geht, einen Moment, den wir nie vorausnehmen, an dem wir uns nicht vorbeidrücken können.

Dank seiner schlichten und durchschaubaren Fügung lässt uns das Gedicht die Bedeutung unseres Lebens ahnen. Es verzichtet aber auf eine dramatische Inszenierung dieser Bedeutung, es stellt lediglich Kernsituationen zusammen und führt sie uns wie »einfache«, naiv gehaltene Schaubilder vor. Dass es nicht zu einer dramatischen Inszenierung kommt, hängt auch mit der Nuancierung »unkompliziert, mühelos, leicht« zusammen, die dem Wort »einfach« ebenfalls eigen ist. Und es sind ja auch Gegebenheiten der Natur, Abläufe, Prozesse, die geschildert werden. Der Dichter verzichtet darauf, sie zu vermenschlichen oder in die menschlichen Gefühle einzubinden. Es sind Abläufe, an denen der Mensch teilnimmt, die er aber nicht wesentlich bestimmt. Das menschliche Ich kommt in diesem Gedicht überhaupt nur am Rande vor, nie aber als Subjekt, als verantwortlicher Träger von Handlungen:

Einfach die Dinge.
Sie atmen mit mir.
Einfach die Stille
durch die der Tod mich
betreten wird.

Eigenartig sind die beiden Schlusszeilen. In ihnen wird dem Staub eine menschliche Verhaltensweise und Qualität zugeschrieben. Ich frage mich, ob Werner Lutz mit diesen

Zeilen an die mir durch die katholischen Bußriten des Aschermittwochs bekannten Worte anspielt: Denke daran, du bist Staub und wirst wieder zu Staub werden. In den Zeilen würde dann etwas wie Solidarität im Schicksal des Todes zum Ausdruck kommen. Die Zeilen können aber durchaus auch eine nüchterne, materialistische Sicht des Lebens vermitteln: Unser Körper löst sich wieder in seine Bestandteile auf, aber diese Bestandteile haben inzwischen dazugelernt, sie wissen um die Fähigkeit der Zuwendung. Oder eine weitere Möglichkeit, diese Zeilen zu verstehen – ich bin mir nicht sicher, welche die richtige ist: In den beiden Schlusszeilen steht das Wort »Staub« für das Wort »Mensch«. Sie ziehen das Fazit aus all den vorgestellten Schaubildern, indem sie betonen: Das Eigentümliche des Menschen besteht darin, dass er sich dem anderen zuwenden und sich mit ihm verbinden kann. Auf jeden Fall scheinen die Schlusszeilen einen menschlichen Akzent zu setzen.

Der positive Klang des Gedichtes hängt mit den Schlusszeilen zusammen, ebenso mit dem klaren Aufbau, der einen Erlebnisraum eröffnet, sicher aber auch mit einer weiteren Funktion des Wortes »einfach«. Dieses Wort kann als emotionale Verstärkung einer Aussage dienen. Das Gedicht lässt sich tatsächlich so lesen: Das Wort »einfach« kann weggelassen und am Ende der Aussagen durch ein Ausrufezeichen ersetzt werden. So gelesen wird das Gedicht zu einer Reihe von Aussagen, die auf etwas Staunenswertes hinweisen. Noch einmal mehr verweist das Gedicht auf eine der Grundhaltungen, die mit der Meditation verbunden sind.

Das Gedicht *Einfach die Nacht* ist für mich zentral geworden, weil es das vertrauensvolle Einverständnis dem Leben gegenüber zum Ausdruck bringt, in das ich im Laufe der jahrzehntelangen Meditationspraxis hineingewachsen bin. Zu Beginn dieser Praxis – damals gab es das Gedicht noch nicht – hätte ich es vermutlich mit meinen christlichen

Überzeugungen aufgebessert und geflickt. In Zwischenphasen wäre mir das Gedicht zu bescheiden gewesen. Heute drückt es für mich eine Haltung aus, die durch ihre Offenheit in meinem Herzen ein tiefes Glück auslöst und zu der ich durch die Weitergabe der Meditation gerne anstecke. Auch jetzt könnte ich, angeregt durch eigene und anvertraute Erfahrungen, dem Gedicht noch den einen und anderen Satz, personale Aspekte des Gottesverständnisses und geläufige, christlich geprägte Bilder hinzufügen. Aber das ist nicht mehr notwendig. Je leichter, desto prägnanter, je einmaliger, desto sprachloser.

Beginnen
als steige der erste Tag der Schöpfung
aus dem Wasser
beginnen
als habe noch nie jemand ein Wort gesagt[44]

Der Übungsweg – der Stille näherkommen

Lesen können Sie schnell oder langsam – je nachdem, wie es Ihnen entspricht; im Lesen können Sie sogar einzelne Abschnitte überspringen, wenn Sie den Eindruck haben, dass Ihnen etwas bereits Bekanntes entgegenkommt. Im Üben ist das anders, das Üben braucht Zeit, im Üben übernehmen Sie vorgegebene Schritte, Sie lassen sich vertrauensvoll auf einen Prozess ein, den Sie erst im Nachhinein reflektieren.

Setzen Sie für eine Entspannungsübung etwa 15 bis 20 Minuten, für eine Meditationsübung etwa 20 bis 30 Minuten an. Im Zusammenhang mit der Gestaltung Ihres Alltags werden sogar Übungen vorgeschlagen, die mehr als eine Stunde Zeit beanspruchen können. – Sich selbst Zeit zu schenken und zu gönnen ist oft das entscheidende Element eines Neuanfangs!

Organisieren Sie sich so, dass Sie während der Übung nicht gestört werden. Lassen Sie einen Ihrer Räume oder Ihre Lieblingsecke zu Ihrem Entspannungs- bzw. Meditationsraum werden, zeichnen Sie diesen Raum aus, schmücken Sie ihn, damit er einladend wirkt. Informieren Sie jene Menschen, mit denen Sie Ihre Wohnung teilen, von Ihrer Absicht, damit sie Ihren Rückzug achten und schützen.

Bevor Sie beginnen, sollten Sie die Übungsanleitung genau lesen und sich die einzelnen Schritte merken. Vielleicht kann es eine Hilfe sein, wenn Sie sich bei jedem Übungsschritt den wichtigsten Begriff hervorheben und einprägen.

Legen Sie sich bereit, was Sie an Matten, Decken und Kissen brauchen.

Es ist von Vorteil, wenn Sie jede Übung mehrfach vollziehen – Sie müssen das Buch nicht möglichst schnell hinter sich bringen … – oder immer wieder auf Übungen zurückgreifen, die Sie angesprochen haben. Ihr Körper, ihr Herz, ihre Seele brauchen Zeit, um sich auf die ungewohnten Empfindungen und Wahrnehmungen einzustellen.

Einzelne Übungen werden durch Varianten (zur Wiederholung bzw. zur spirituellen Vertiefung) ergänzt. Widmen

Sie sich diesen Varianten erst, wenn Ihnen die Grundübung vertraut ist.

Falls Ihnen eine Übung überhaupt nicht entspricht, lassen Sie sie einfach weg!

Bei der Entspannung begeben Sie sich im Normalfall in die Rückenlage. Sie liegen auf einer (nicht zu weichen) Matte oder auf einer gefalteten Decke. Falls Ihr Kreuz keinen Bodenkontakt bekommt, legen Sie bitte ein Kissen oder weitere gefaltete Decken unter Ihre Knie, damit der Lendenbereich auf die Matte sinkt. Achten Sie darauf, dass Ihr Kopf nicht nach hinten fällt; auch da kann es helfen, ein (eher flaches) Kissen oder eine gefaltete Decke unter den Kopf zu legen. Bringen Sie Ihre Arme neben oder auf dem Körper in eine Position, in der Sie sie gut loslassen können.

Falls Ihnen noch keine Meditationshaltung vertraut ist, probieren Sie, noch unabhängig von den Meditationsübungen, aus, wie Sie am besten sitzen können.

Möglich ist der halbe oder ganze Lotussitz. Helfen Sie sich mit einem Sitzkissen, das Ihren Körperproportionen und der Dehnbarkeit Ihrer Gelenke entspricht, oder mit einer auf die richtige Höhe zusammengefalteten Decke.

Möglich ist auch der Fersensitz. Ein Meditationsbänkchen oder eine gefaltete Decke kann den Druck des Körpergewichts auf die Fußgelenke auffangen.

Sie können sich aber auch auf einem Stuhl einrichten. Wenn Ihr Rücken es erlaubt, benützen Sie die Rückenlehne nicht. Von Vorteil kann es sein, wenn Sie die Sitzfläche mit Hilfe eines Keilkissens oder einer zusammengefalteten Decke leicht schräg ansteigen lassen, dadurch wird Ihr Becken etwas nach vorne gekippt beziehungsweise aufgestellt, und Sie brauchen weniger Kraft, um den Rücken aufgerichtet zu halten.

Achten Sie darauf, dass Ihre Hände offen daliegen, auf Ihren Beinen oder vor dem Unterbauch. Achten Sie zudem darauf, dass Sie sich im Nackenbereich nicht verspannen. Sie können die Augen schließen oder offenhalten. Wenn die Augen offen bleiben, nehmen Sie Ihren Blick zurück, d. h. Ihre Augen sind nicht mehr auf ein bestimmtes Objekt gerichtet.

Ihre Körperhaltung sollte von einer Mischung aus Disziplin und Entspannung geprägt sein. – Wenn Sie während der Meditation merken, dass das eine Element dieser Mischung vorherrscht, dass Sie sich z. B. aus Anstrengung und gutem Willen verspannen oder umgekehrt vor Gelassenheit zu dösen beginnen, verstärken Sie bewusst das jeweils andere Element.

Übung 1: Dem Körper auf der Spur

Wissenswertes zur Übung im Kapitel »Die Entspannung: ein Gang durch den Körper« (S. 21–28)

Ziel der Übung Sie stellen sich bewusst auf jenen Raum ein, der Ihr eigentlicher Lebensraum ist. Sie nehmen ihn wahr, Sie lassen ihn gelten.

Dauer der Übung 15 Minuten

- Richten Sie sich in der Rückenlage ein. Sie liegen auf einer Matte oder Decke. – Sie können auch weitere Hilfsmittel (weitere Decken, Kissen, Rollen) einsetzen, wenn dies Ihrem Wohlbefinden im Liegen dient.
- Lenken Sie Ihre Aufmerksamkeit zu den Händen. Verweilen Sie mit Ihrer Aufmerksamkeit vorerst in den Handflächen. Lassen Sie sich die Signale bewusst werden, die von den Handflächen ausgehen: Sie vermitteln Ihnen einen Eindruck Ihrer Handflächen.
  Lassen Sie sich viel Zeit!
- Dehnen Sie Ihre Aufmerksamkeit aus: auf die einzelnen Finger, auf die Handrücken, auf die ganzen Hände.
- Dehnen Sie Ihre Aufmerksamkeit aus: auf die Handgelenke, die Unterarme, die Ellbogen, die Oberarme und die Schultergelenke.
  Lassen Sie sich viel Zeit!
- Lenken Sie Ihre Aufmerksamkeit zu den Füßen. Verweilen Sie mit Ihrer Aufmerksamkeit vorerst in den Fußsohlen. Registrieren Sie die Signale, die von den Fußsohlen aus Ihr Bewusstsein erreichen.
  Lassen Sie sich viel Zeit!
- Dehnen Sie Ihre Aufmerksamkeit aus: auf die Zehen, die Fußrücken, die Fersen.

- Dehnen Sie Ihre Aufmerksamkeit aus: auf die Fußgelenke, die Waden, die Knie, die Oberschenkel, die Hüften, das Becken.
- Wandern Sie mit Ihrer Aufmerksamkeit der Wirbelsäule entlang vom Kreuz zu den Schultern. Achten Sie auch auf die Breite des Rückens, auf die ganze Auflagefläche des Rückens.
- Wandern Sie mit Ihrer Aufmerksamkeit zum Nacken, Hinterkopf, zur Kopfhaut, zum Gesicht. Lassen Sie sich die Gestalt, die Konturen des Gesichts bewusst werden. Verweilen Sie lange in Ihrem Gesicht!
- Lenken Sie Ihre Aufmerksamkeit auf den Brustbereich, schließlich auf die Bauchdecke. Nehmen Sie sich Zeit, darauf zu achten, wie Brustbereich und Bauchdecke im Atemrhythmus mitschwingen.
- Verweilen Sie in der aufmerksamen und wachen Wahrnehmung Ihres Körpers.

Zur Wiederholung bzw. spirituellen Vertiefung Geben Sie der Aufmerksamkeit, mit der Sie sich Ihrem Körper zuwenden, den Charakter einer Bejahung. Nehmen Sie durch Ihre Aufmerksamkeit Ihren Körper an, so wie er jetzt ist, mit seinen Schwächen und Stärken, mit seiner ganzen Geschichte – mit Ihrer Geschichte.

Übung 2: Der Körper – ganz plastisch

Wissenswertes zur Übung im Kapitel »Die Entspannung: ein Gang durch den Körper« (S. 21–28)

Ziel der Übung In der Beschreibung des Weges nach innen war öfter die Rede vom Raum des Körpers. Je tiefer die Entspannung den Körper erfasst, desto stärker kann er als Raum wahrgenommen werden. Übung 2 vermittelt die ersten Schritte zu dieser Wahrnehmung.

Dauer der Übung 15 Minuten

- Richten Sie sich in der Rückenlage ein. Sie liegen auf einer Matte oder Decke. – Sie können auch weitere Hilfsmittel einsetzen, wenn dies Ihrem Wohlbefinden im Liegen dient.
- Lenken Sie Ihre Aufmerksamkeit zu den Händen. Verweilen Sie mit Ihrer Aufmerksamkeit vorerst in den Handflächen. Dehnen Sie Ihre Aufmerksamkeit dann auf die Finger und auf die Handrücken aus.
  Versuchen Sie, die Empfindungen in Ihren Händen so wahrzunehmen, dass sich daraus ein möglichst plastischer Eindruck ergibt, so plastisch, dass Sie Ihre Hände zeichnen oder in Lehm nachgestalten könnten.
- Halten Sie sich für diesen Eindruck offen, wenn Sie nun Ihre Aufmerksamkeit weiter ausdehnen: auf die Handgelenke, die Unterarme, die Ellbogen, die Oberarme und die Schultergelenke.
- Lenken Sie Ihre Aufmerksamkeit zu den Füßen. Verweilen Sie mit Ihrer Aufmerksamkeit vorerst in den Fußsohlen. Dehnen Sie Ihre Aufmerksamkeit dann auf die Zehen, die Fußrücken und die Fersen aus.
  Versuchen Sie, die Empfindungen in Ihren Füßen so wahrzunehmen, dass sich daraus ein möglichst plastischer Eindruck ergibt.
- Halten Sie sich für diesen Eindruck eines Raumes offen, wenn Sie Ihre Aufmerksamkeit nun weiter ausdehnen: auf die Fußgelenke, die Waden, die Knie, die Oberschenkel, die Hüften, das Becken.
- Wandern Sie mit Ihrer Aufmerksamkeit vom Kreuz her ganz langsam über den Rücken, die Schultern, den Nacken, die Kopfhaut, das Gesicht, den Hals, die Brust und den Bauch.
  Versuchen Sie, die Empfindungen in Ihrem ganzen Körper so wahrzunehmen, dass sich daraus ein möglichst

plastischer Eindruck ergibt, so plastisch, dass Sie ihn zeichnen oder in Lehm nachgestalten könnten.

- Verstärken Sie Ihre Aufmerksamkeit auf jene Körperbereiche, bei denen sich dieser plastische Eindruck leicht eingestellt hat. Verweilen Sie in diesen Körperbereichen.

Zur Wiederholung bzw. spirituellen Vertiefung Stellen Sie sich vor, dass jemand Sie fachkundig und liebevoll massiert. Dank dieser imaginierten Berührung erfahren Sie sowohl die Konturen als auch die plastische Gestalt Ihres Körpers. Die kraftvollen und wohlwollenden Hände Ihrer Imagination lassen Sie den Raum noch stärker erfahren, den Sie mit Ihrem Körper einnehmen.

Übung 3: Im Fluss der Atmung

Wissenswertes zur Übung im Kapitel »Die Entspannung der Gedanken und Gefühle« (S. 29–34)

Ziel der Übung Die Wahrnehmung der Atembewegung lässt Sie den Körper noch stärker als Raum erleben; gleichzeitig öffnet die Wahrnehmung des Atems den Sinn für die »seelische« Seite des Körpers.

Vorsichtsregel Vermeiden Sie bitte während der ganzen Übung eine Beeinflussung Ihrer Atmung! Es geht nicht darum, den Atem willentlich zu verlangsamen oder zu vertiefen!

Dauer der Übung 15 Minuten

- Richten Sie sich in der Rückenlage ein. Sie liegen auf einer Matte oder einer Decke. – Sie können auch weitere Hilfsmittel einsetzen, wenn dies Ihrem Wohlbefinden im Liegen und der Erleichterung der Atmung dient.

- Durchwandern Sie mit Ihrer Aufmerksamkeit langsam den Körper und laden Sie ihn ein, sich loszulassen, sich vom Boden tragen zu lassen.
- Lenken Sie Ihre Aufmerksamkeit auf den Atemstrom. Versuchen Sie wahrzunehmen, wie der Atem in Ihren Körper einströmt: bei den Nasenflügeln, im Naseninnern, im Rachenraum, im Kehlkopf, im Bereich der Bronchien.
- Und versuchen Sie, wahrzunehmen, wie der Atem aus Ihrem Körper wegströmt: im Bereich der Bronchien, im Kehlkopf, im Rachenraum, im Naseninnern, bei den Nasenflügeln.
- Gehen Sie bei jedem Atemzug innerlich mit. Beobachten Sie den Atem, nehmen Sie an seinem Fließen Anteil.
- Versuchen Sie nach einiger Zeit, ohne dass Ihre Aufmerksamkeit für den Atemfluss verloren geht, mehr darauf zu achten, wo und wie der Atem Ihren Körper bewegt: im Brust- und Bauchbereich, auf den Körperseiten, im Rücken. Überlassen Sie sich mit dem ganzen Körper dem Rhythmus der Atmung. Schwingen Sie bei jedem Atemzug innerlich mit.
- Wenn Sie wollen, legen Sie Ihre Hände auf jene Körperstellen, die im Atemrhythmus besonders stark – oder nach Ihrem Dafürhalten zu wenig stark – mitschwingen. Achten Sie darauf, wie sich der Atem durch Ihre Berührung verändert.

Zur Wiederholung bzw. spirituellen Vertiefung Versuchen Sie, sich den Atemstrom als einen Lichtstrom vorzustellen. Achten Sie darauf, wie diese Vorstellung Ihren Körper bzw. Ihre Wahrnehmung des Körpers verändert.
Sollte es Körperbereiche geben, die sich dem Lichtstrom gegenüber verschließen, lenken Sie den Atemstrom mit Ihrer Vorstellung bewusst in diese Bereiche – achten Sie darauf, dass Sie durch Ihre Vorstellung das Atemgeschehen als solches nicht beeinflussen oder gar beeinträchtigen. Sollte es Körperbereiche geben, die den Lichtstrom stärker als an-

dere, vielleicht sogar ausschließlich anziehen, lassen Sie es zu. Es kann sein, dass diese Körperbereiche Ihre Aufmerksamkeit besonders brauchen.

Übung 4: Der Körper als Raum

Wissenswertes zur Übung im Kapitel »Die Meditation als innerer Stille-Raum« (S. 50–60)

Ziel der Übung Bei der Meditation ist entscheidend, dass wir bei uns sind, im wörtlichen Sinn. Der Körper ist unser nächster und eigentlicher Lebensraum; wenn wir den Körper als solchen wahrnehmen und bewusst in ihm verweilen, eignen wir uns unseren Lebensraum an.

Dauer der Übung 25 Minuten

- Richten Sie sich in einer Sitzhaltung ein, in der Sie ohne allzu große Anstrengung den Rücken aufgerichtet halten können.
- Lassen Sie sich Ihren Körper und die eingenommene Meditationshaltung bewusst werden. Durchwandern Sie mit Ihrer Aufmerksamkeit den ganzen Körper, wie Sie es von den Entspannungsübungen her kennen.
- Lenken Sie Ihre Aufmerksamkeit langsam und behutsam auf Ihren Körper:
  - die Handflächen, die Finger, die Handrücken, die Hände, die Handgelenke, die Unterarme, die Ellbogen, die Oberarme, die Schultergelenke
  - die Fußsohlen, die Zehen, die Fußrücken, die Fersen, die Füße, die Fußgelenke, die Waden, die Knie, die Oberschenkel, die Hüften, das Becken
  - den Rücken, die Schultern, den Nacken, die Kopfhaut, das Gesicht, die Brust, den Bauch, das Becken.

  Verweilen Sie in Ihrem Körper.

- Sobald Sie merken, dass Ihre Aufmerksamkeit aus dem Raum Ihres Körpers wegwandert, zurück in die Vergangenheit oder nach vorn in die Zukunft – also eine Geschichte ausspinnt, die mit Ihrem Sitzen hier und jetzt gar nichts zu tun hat –, unterbrechen Sie die Gedanken und binden Sie Ihre Aufmerksamkeit wieder an den Körper.
- Verbringen Sie Zeit: bei sich, in sich, mit sich. Ganz gegenwärtig in Ihrem Sitzen. – Falls Sie sich über Gebühr »reduziert« vorkommen: Versuchen Sie, diese Vereinfachung auszuhalten.
- Schließen Sie nach 25 Minuten die Meditation, indem Sie sich nochmals den Körper kurz bewusst machen. Vollziehen Sie als erste Bewegung nach dem langen bewegungslosen Sitzen eine kleine oder große Verneigung.

Zur Wiederholung bzw. zur spirituellen Vertiefung
Wenn Sie wahrnehmen, dass eine bestimmte Körperstelle oder -region eine besondere »Intensität« entwickelt und Ihre Aufmerksamkeit auf sich zieht, und Sie sicher sind, dass es sich tatsächlich um eine Konzentration handelt und nicht um den Beginn einer Zerstreuung, lassen Sie ruhig zu, dass Ihre Aufmerksamkeit an der einen Stelle zusammengezogen wird. Bekannt für diese Konzentrationskraft sind die offenen Hände, der Beckenbereich, der Bauch gleich unterhalb des Nabels, die Mitte des Brustbeins und die Stirnmitte oberhalb der Nasenwurzel.
Wenn sich diese besondere »Intensität« nicht von allein einstellt, Sie sie aber fördern möchten, empfiehlt es sich, die Sammlung auf die offenen Hände zu lenken, bei weiteren Übungen überzugehen auf die Stelle unterhalb des Bauchnabels, wiederum bei weiteren Übungen auf die Stelle in der Mitte des Brustbeins.

Übung 5: Der Atem: eine zyklische Bewegung

Wissenswertes zur Übung im Kapitel »Die Meditation als innerer Stille-Raum« (S. 50–60)

Ziel der Übung bewusste Teilnahme und Teilhabe am Lebensstrom des Atems

Vorsichtsregel Vermeiden Sie bitte während der ganzen Übung eine Beeinflussung Ihrer Atmung! Es geht nicht darum, den Atem willentlich zu verlangsamen oder zu vertiefen!

Dauer der Übung 25 Minuten

- Richten Sie sich in einer Sitzhaltung ein, in der Sie ohne allzu große Anstrengung den Rücken aufgerichtet halten können.
- Lenken Sie Ihre Aufmerksamkeit langsam und behutsam auf Ihren Körper:
  - die Handflächen, die Finger, die Handrücken, die Hände, die Handgelenke, die Unterarme, die Ellbogen, die Oberarme, die Schultergelenke
  - die Fußsohlen, die Zehen, die Fußrücken, die Fersen, die Füße, die Fußgelenke, die Waden, die Knie, die Oberschenkel, die Hüften, das Becken
  - den Rücken, die Schultern, den Nacken, die Kopfhaut, das Gesicht, die Brust, den Bauch, das Becken.

  Verweilen Sie in Ihrem Körper.
- Lenken Sie Ihre Aufmerksamkeit auf den Atemstrom. Versuchen Sie wahrzunehmen, wie der Atem in Ihren Körper einströmt und welche Empfindungen er dabei auslöst: bei den Nasenflügeln, im Naseninnern, im Rachenraum, im Kehlkopf, im Bereich der Bronchien.

  Und versuchen Sie wahrzunehmen, wie der Atem aus Ihrem Körper wegströmt und welche Empfindungen er dabei auslöst: im Bereich der Bronchien, im Kehlkopf, im Rachenraum, im Naseninnern, bei den Nasenflügeln.

- Gehen Sie bei jedem Atemzug innerlich mit. Beobachten Sie den Atem, nehmen Sie an seinem Fließen Anteil.
- Lassen Sie sich den zyklischen Charakter der Atembewegung bewusst werden – ohne sich in Gedankengänge zu verlieren. Vielleicht stellen sich Bilder oder Stimmungen für das »Zyklische« ein: die Wiederholung, das Endlose, Ebbe und Flut, die Jahreszeiten, eine Bewegung, die nicht zielgerichtet ist.
- Wenn sich bei Ihnen Assoziationen zu anderen Bewegungen mit zyklischem Charakter einstellen, lassen Sie sie zu – wiederum ohne sich in Gedankengänge zu verlieren. Bringen Sie, atmend, die Atembewegung mit diesen anderen zyklischen Bewegungen zusammen.
- Wenn sich Widerstände gegen das Kraftvolle und Selbstverständliche des Zyklischen (der Atembewegung und anderer Bewegungen) melden, lassen Sie sie zu – ohne dass Sie sich auf eine innere Diskussion einlassen oder gar auf eine Klärung drängen.
- Schließen Sie nach 25 Minuten die Meditation, indem Sie sich nochmals die Atembewegung und den Körper in seiner Sitzhaltung kurz bewusst machen. Vollziehen Sie als erste Bewegung nach dem langen bewegungslosen Sitzen eine kleine oder große Verneigung.

Zur Wiederholung bzw. spirituellen Vertiefung Je nach Prägung und Lebensgeschichte erleben Sie die Atembewegung als eine Ihnen eigene Bewegung, d. h. als eine Bewegung im Innern des Körpers, oder aber als eine Bewegung von außen, d. h. als eine Bewegung, die sich Ihnen aufdrängt. Versuchen Sie, ohne zu werten oder die beiden Möglichkeiten gegeneinander auszuspielen, Ihren Atem unter beiden Aspekten wahrzunehmen und schließlich beide Erlebensmodelle loszulassen. Lassen Sie den Atem einfach fließen. Dass es diese Bewegung gibt und Sie daran teilnehmen, ist wichtig, nicht irgendwelche Deutung dieser Bewegung.

Übung 6: Der Klang des Atems

Wissenswertes zur Übung im Kapitel »Die Meditation: schweigen und hören« (S. 61–66)

Ziel der Übung eine vertiefte Sensibilität für die Atembewegung, für den Lebensstrom

Vorsichtsregel Vermeiden Sie bitte während der ganzen Übung eine Beeinflussung Ihrer Atmung! Es geht nicht darum, den Atem auf willentliche Art zu verlangsamen oder zu vertiefen.

Dauer der Übung 25 Minuten

- Richten Sie sich in einer Sitzhaltung ein, in der Sie ohne allzu große Anstrengung den Rücken aufgerichtet halten können.
- Lenken Sie Ihre Aufmerksamkeit langsam und behutsam auf Ihren Körper, durchwandern Sie ihn in der gewohnten Art und Weise. Verweilen Sie in Ihrem Körper.
- Lenken Sie Ihre Aufmerksamkeit auf den Atemstrom. Versuchen Sie wahrzunehmen, wie der Atem in Ihren Körper einströmt und aus Ihrem Körper wegströmt und welche Empfindungen er dabei auslöst.
- Gehen Sie bei jedem Atemzug innerlich mit. Beobachten Sie den Atem, nehmen Sie an seinem Fließen Anteil. Achten Sie darauf, wie der Atem Ihren Körper rhythmisch bewegt.
- Wenn Sie Ihre Aufmerksamkeit, Ihr Gehör, ganz nach innen lenken, kann die Atembewegung für Sie hörbar werden. Binden Sie Ihre Aufmerksamkeit an dieses ganz leise

Geräusch, diesen Klang des Lebens. – Wenn Sie auch bei großer Aufmerksamkeit den Eindruck haben, nichts zu hören, können Sie das Gaumensegel ganz leicht anspannen, das verstärkt das Atemgeräusch. – Lassen Sie um sich herum und in sich alles Laute verschwinden, verbinden Sie sich mit diesem sanften Geräusch, verweilen Sie in diesem Klang.

- Schließen Sie nach 25 Minuten die Meditation, indem Sie sich nochmals die Atembewegung und den Körper in seiner Sitzhaltung kurz bewusst machen. Vollziehen Sie als erste Bewegung nach dem langen bewegungslosen Sitzen eine kleine oder große Verneigung.

Zur Wiederholung bzw. spirituellen Vertiefung Lassen Sie während der Meditationsübung assoziativ, ohne gezielte Auswahl, andere Geräusche, Klänge, Melodien, Worte, Aussagen kommen, die für Sie auf verwandte Art wie das Geräusch des Atems Lebensklänge, Lebenszusagen waren oder zu diesem Zeitpunkt sind. Lassen Sie die unterschiedlichen Klänge zusammenfließen.
Sollten sich während der Meditation auch destruktive, lebensverneinende Geräusche, Klänge, Worte einstellen, versuchen Sie, getragen von der Kraft der Atembewegung, sie kurze Zeit auszuhalten, ohne sich in innere Diskussionen oder Auseinandersetzungen verwickeln zu lassen, und dann wiederum zum Lebensklang des Atems zurückzukehren.

Übung 7: Das Ja als Mantra

Wissenswertes zur Übung im Kapitel »Gelassenheit: Die Vergangenheit ist vorbei und die Zukunft ein Hirngespinst« (S. 35–41)

Ziel der Übung Was sich für Sie in Ihrem Leben oder in den vorangegangenen Meditationsübungen vielleicht bereits eingestellt hat, wird in dieser Übung thematisiert: Der Atemstrom schenkt uns Leben, bejaht unsere Existenz. In der Meditation können wir uns dieses Ja bewusst schenken lassen und unser eigenes Ja dazugeben.

Vorsichtsregel Vermeiden Sie bitte während der ganzen Übung eine Beeinflussung Ihrer Atmung! Es geht nicht darum, den Atem willentlich zu verlangsamen oder zu vertiefen.

Dauer der Übung 25 Minuten

- Richten Sie sich in einer Sitzhaltung ein, in der Sie ohne allzu große Anstrengung den Rücken aufgerichtet halten können.
- Lenken Sie Ihre Aufmerksamkeit langsam und behutsam auf Ihren Körper, durchwandern Sie ihn in der gewohnten Art und Weise. Verweilen Sie in Ihrem Körper.
- Lenken Sie Ihre Aufmerksamkeit auf den Atemstrom. Versuchen Sie wahrzunehmen, wie der Atem in Ihren Körper einströmt und aus Ihrem Körper wegströmt und welche Empfindungen er dabei auslöst.
- Gehen Sie bei jedem Atemzug innerlich mit. Beobachten Sie den Atem, nehmen Sie an seinem Fließen Anteil. Achten Sie darauf, wie der Atem Ihren Körper rhythmisch bewegt.
- Wenn Sie Ihre Aufmerksamkeit, Ihr Gehör ganz nach innen lenken, kann die Atembewegung für Sie hörbar werden. Binden Sie Ihre Aufmerksamkeit an dieses ganz leise Geräusch, diesen Klang des Lebens.
- Hören Sie dieses Geräusch, diesen Klang als einen Lebenszuspruch, als ein Ja, das Ihnen gilt. Machen Sie dieses Ja hörbar, indem Sie es innerlich zum Klingen bringen, wie eine Grundmelodie, die in Ihnen schwingt.

Topos plus

Ja, senden Sie mir regelmäßig Informationen über das Programm von Topos plus zu:

Name, Vorname

Straße

PLZ / Wohnort

Antwort

Verlagsgemeinschaft
Topos plus

Hoogeweg 71

D-47623 Kevelaer

- Versuchen Sie Ein- und Ausatmen voneinander zu unterscheiden. Nehmen Sie das Geräusch, den Klang, das Ja des Einatmens als einen Zuspruch des Lebens. Sie werden bejaht. Und nehmen Sie das Geräusch, den Klang, das Ja des Ausatmens als Ihr Einverständnis zu diesem zugesprochenen Leben.
- Schließen Sie nach 25 Minuten die Meditation, indem Sie sich nochmals die Atembewegung und den Körper in seiner Sitzhaltung kurz bewusst machen. Vollziehen Sie als erste Bewegung nach dem langen bewegungslosen Sitzen eine kleine oder große Verneigung.

Zur Wiederholung bzw. spirituellen Vertiefung Die Übungsbeschreibung lädt ein, die Atembewegung (und ihr Geräusch) wahrzunehmen und zu bejahen. So wie wir Menschen sind, hat aber das Ja die Tendenz, sich auszubreiten. Und so kann uns während der Meditation alles Mögliche einfallen und die Frage auftauchen, ob wir das alles bejahen sollen, überhaupt bejahen dürfen.
Wenn Sie diese Tendenz in sich wahrnehmen, versuchen Sie möglichst behutsam und ohne Anstrengung – es geht nicht um eine moralische Leistung –, das Ja auf das auszudehnen, was Ihnen einfällt oder zufällt, als ob es mit dem Atemstrom vorgegeben wäre. Bleiben Sie ehrlich: Wenn Sie sich innerlich sträuben, etwas, was Ihnen einfällt, zu bejahen, nehmen Sie diesen Widerstand ernst, drängen Sie ihn nicht beiseite! Kehren Sie zur Atembewegung zurück und binden Sie Ihr Ja ausschließlich an diese Bewegung.

Die Meditationsübung als solche ist nicht der Ort, über diesen Widerstand und seine Geschichte nachzudenken, aber Sie sollten dies im Anschluss an die Übung oder zu einem andern Zeitpunkt tun.
Wenn Sie grundsätzlich oder phasenweise Mühe haben, Ihr Leben, Ihre konkrete Lebensgeschichte zu bejahen – wenn Sie mit dem Schicksal, ja mit Gott hadern –, vollziehen Sie

die Übung nur in ihrer einfachen Form: als Bejahung der Atembewegung.

Übung 8: Weite Innenräume

Wissenswertes zur Übung im Kapitel »Die Entspannung – ein Raum der Stille« (S. 16–20)

Ziel der Übung Der Körper als Raum, der Körper mit seinen Räumen steht nun ganz im Mittelpunkt der Übung. Das Erlebnis dieser Räume öffnet für unterschiedliche spirituelle Erfahrungen.
Der Impuls, den Körper als leeren, weiten Raum zu erleben, nimmt in einem bestimmten Sinn die anatomische Realität nicht ernst. Denn die Körperräume sind voll. Am ehesten gelingt der (anatomische) Einstieg, wenn Sie sich an die durch das Skelett und die Haut vorgegebenen Strukturen halten.

Dauer der Übung 15 bis 20 Minuten

- Richten Sie sich in der Rückenlage ein. Sie liegen auf einer Matte oder Decke. – Sie können auch weitere Hilfsmittel einsetzen, wenn dies Ihrem Wohlbefinden dient.
- Lenken Sie Ihre Aufmerksamkeit auf das Kreuzbein, jenen Bereich der Wirbelsäule, der mit den Beckenknochen zusammengefügt ist. Vermutlich nehmen Sie diese Stelle gut wahr: Sie hat, wenn wir liegen, Kontakt mit dem Boden.
- Stellen Sie sich vor: Durch das Kreuzbein betreten Sie den Beckenraum und befinden sich in einem weiten, großen Raum. Sie beginnen ihn nach allen Richtungen zu durchwandern: nach oben – nach unten zu den Knochen, die das Becken abschließen – nach vorne zum Geschlecht und zur Bauchdecke. Genießen Sie die Weite des Raums!

- Achten Sie darauf, dass Sie sich mit Ihrem Bewusstsein auch wirklich im Innern dieses Raums aufhalten. – Gelegentlich hilft die bildhafte Vorstellung: Wie unsere Hand in einen Handschuh hineinschlüpft und sich dann im Handschuh befindet, so schlüpft unser Bewusstsein in die einzelnen Räume des Körpers hinein …
- Durch das Kreuzbein verlassen Sie den Beckenraum und wandern mit Ihrer Aufmerksamkeit der Wirbelsäule entlang zu den oberen Lendenwirbeln. An einer Stelle, die Sie durch den Kontakt mit dem Boden gut wahrnehmen können, betreten Sie mit Hilfe Ihrer Vorstellungskraft den Bauchraum.
- Stellen Sie sich vor: Sie befinden sich in einem weiten, großen Raum. Sie beginnen ihn nach allen Richtungen zu durchwandern: nach oben – nach unten – zur Seite, zu den untersten Rippenbogen – nach vorne zur Bauchdecke.
  Genießen Sie die unverstellte Weite des Raums!
- Durch einen der oberen Lendenwirbel verlassen Sie den Bauchraum und wandern mit Ihrer Aufmerksamkeit der Wirbelsäule entlang zu einem der mittleren Brustwirbel. An einer Stelle, die Sie durch den Kontakt mit dem Boden gut wahrnehmen können, betreten Sie mit Hilfe Ihrer Vorstellungskraft den Brustraum.
- Stellen Sie sich vor: Sie befinden sich in einem weiten, großen Raum. Sie beginnen ihn nach allen Richtungen zu durchwandern: nach oben bis zu den Schlüsselbeinen – nach unten – zur Seite, zu den Rippen – nach vorne zum Brustbein.
  Genießen Sie die Weite des Raums!
- Durch einen der Brustwirbel verlassen Sie den Brustraum und wandern mit Ihrer Aufmerksamkeit an der Wirbelsäule entlang zum Nacken und zum Hinterkopf. An der Stelle, an der Ihr Kopf aufliegt, betreten Sie mit Hilfe ihrer Vorstellungskraft den Kopfraum.

- Stellen Sie sich vor: Sie befinden sich in einem weiten, großen Raum. Sie beginnen ihn nach allen Richtungen zu durchwandern: nach oben zur Schädeldecke – nach vorne ins Gesicht – nach unten zum Kiefer.
  Genießen Sie die Weite des Raums!
- Durch Ihren Hinterkopf verlassen Sie den Kopfraum und wandern mit Ihrer Aufmerksamkeit an der Wirbelsäule entlang zurück zum Kreuzbein. Betreten Sie durch das Kreuzbein noch einmal den Beckenraum und verweilen Sie dort.
  Genießen Sie die Weite des Raums, die sich Ihnen in der Wiederholung vermutlich stärker erschließt als zu Beginn.

Zur Wiederholung bzw. zur spirituellen Vertiefung Schließen Sie die Übung so ab, dass Sie nicht über die Wirbelsäule in den Beckenraum zurückkehren, sondern die Körperräume miteinander verbinden. Gleiten Sie mit Ihrem Bewusstsein im Innern der Räume von Raum zu Raum, schaffen Sie eine Verbindung der Räume untereinander und damit auch eine Verbindung der mit diesen Räumen verknüpften Erfahrungen.

Übung 9: Die Tiefenentspannung

Wissenswertes zur Übung im Kapitel »Gelassenheit: Die Vergangenheit ist vorbei und die Zukunft ein Hirngespinst« (S. 35–41)

Ziel der Übung Das bewusste Verweilen im Körper. Dank dieses Verweilens, das auf den Körper wie Zuwendung wirkt, kommt der Körper zur Ruhe und entspannt sich.

Dauer der Übung 15 bis 20 Minuten

- Richten Sie sich in der Rückenlage ein. Sie liegen auf einer Matte oder Decke. – Sie können auch weitere Hilfsmittel wie Decken oder Kissen einsetzen, wenn dies Ihrem Wohlbefinden im Liegen dient.
- Versuchen Sie, wenn Sie sich im Folgenden auf Ihren Körper einstellen, einen möglichst plastischen Eindruck der einzelnen Körperteile und Körperregionen, ja des ganzen Körpers zu gewinnen.
- Lenken Sie Ihre Aufmerksamkeit langsam und behutsam auf:
  - die Handflächen, die Finger, die Handrücken, die Hände
  - die Handgelenke, die Unterarme, die Ellbogen, die Oberarme, die Schultergelenke
  - die Fußsohlen, die Zehen, die Fußrücken, die Fersen, die Füße
  - die Fußgelenke, die Waden, die Knie, die Oberschenkel, die Hüften, das Becken
  - den Rücken, die Schultern, den Nacken, die Kopfhaut, das Gesicht
  - die Brust, den Bauch, das Becken.
- Verweilen Sie in Ihrem Körper. Machen Sie ihn zu Ihrem Zuhause.
- Lenken Sie Ihre Aufmerksamkeit auf den Atemstrom und beobachten Sie sein regelmäßiges Kommen und Gehen: bei den Nasenflügeln, im Naseninnern, im Rachenraum, im Kehlkopf und im Bereich der Bronchien.
- Achten Sie zudem darauf, wie und wo der Atem Ihren Körper mit seinem Rhythmus prägt. Überlassen Sie sich mit Ihrem ganzen Körper diesem Rhythmus.
- Schenken Sie der Wahrnehmung Ihres Körpers und Ihrer Atmung so viel Aufmerksamkeit, dass der Gedankenstrom mit seinen emotionalen Gehalten an Bedeutung verliert. Die Gedanken – und die Gefühlsreaktionen auf die Gedanken – sind zwar noch da, aber sie beschäftigen Sie nicht mehr. Es ist, als ob Ihre Mitte außerhalb des Ge-

dankenstroms liegen würde, als ob Sie von Weitem und unbeteiligt, weder interessiert noch abwehrend, auf Ihre Gedanken schauen würden.

- Lassen Sie sich ganz gegenwärtig sein: im Körper, im Atem und in dieser neuen Mitte einer unverkrampften Stille.

Zur Wiederholung bzw. spirituellen Vertiefung Lassen Sie sich im Zustand der Entspannung Bilder für Ihre neue Mitte schenken. Verkosten Sie die Stimmigkeit der Bilder, die Ihnen einfallen und zufallen. Nehmen Sie das stimmigste Bild in Ihren Alltag mit; lassen Sie es zu einem Schlüssel werden, mit dem Sie sich den Zugang zur Entspannung jederzeit wieder erschließen können.
Je nach Veranlagung kann sich das Bild auch klanglich einstellen: als Ton, als Laut, als Wort.

Übung 10: Zu Hause im Beckenraum

Wissenswertes zur Übung im Kapitel »Die Stille-Kostbarkeiten« (S. 42–45)

Ziel der Übung Eine der Grunderfahrungen, die stimmungsmäßig und energetisch mit dem Beckenbereich verbunden ist, ist die Erfahrung der Geborgenheit; eine Erfahrung, die das Vertrauen, einen wesentlichen Bestandteil der Entspannung, fördert. Die Übung zielt auf die Vertiefung der Entspannung über die Erinnerung an eine Erfahrung der Geborgenheit.

Vorbereitung Bevor Sie sich hinlegen und mit der Entspannungsübung beginnen, legen Sie sich bitte die Erinnerung an eine konkrete Situation der Geborgenheit zurecht, die Sie erlebt haben. Lassen Sie in Ihrer Erinnerung jene Einzelheiten wieder wach werden, die dazu beigetragen haben, dass es für Sie zur Erfahrung der Geborgenheit kam. – Es ist im Übrigen nebensächlich, wie weit diese konkrete Situation zurückliegt, ob Sie sie erst kürzlich erlebt haben oder ob sie Jahre, ja Jahrzehnte zurückliegt. Die Erfahrung ist in Ihnen gespeichert und es geht um diese gespeicherte Kraft.

Falls Sie den Eindruck haben, über eine solche Erfahrung nicht zu verfügen, setzen Sie in der Übung Ihre Sehnsucht ein, Ihre Sehnsucht nach Geborgenheit.

Dauer der Übung 15 bis 20 Minuten

- Richten Sie sich in der Rückenlage ein. Sie liegen auf einer Matte oder Decke. – Sie können auch weitere Hilfsmittel wie Decken und Kissen einsetzen, wenn dies Ihrem Wohlbefinden im Liegen dient.
- Lenken Sie Ihre Aufmerksamkeit langsam und behutsam auf Ihren Körper:
  - die Handflächen, die Finger, die Handrücken, die Hände
  - die Handgelenke, die Unterarme, die Ellbogen, die Oberarme, die Schultergelenke
  - die Fußsohlen, die Zehen, die Fußrücken, die Fersen, die Füße
  - die Fußgelenke, die Waden, die Knie, die Oberschenkel, die Hüften, das Becken
  - den Rücken, die Schultern, den Nacken, die Kopfhaut, das Gesicht
  - die Brust, den Bauch, das Becken.

  Verweilen Sie in Ihrem Körper.
- Lenken Sie Ihre Aufmerksamkeit auf den Atemstrom und beobachten Sie sein regelmäßiges Kommen und Gehen: bei den Nasenflügeln, im Naseninnern, im Rachenraum, im Kehlkopf und im Bereich der Bronchien.

- Achten Sie zudem darauf, wie und wo der Atem Ihren Körper mit seinem Rhythmus prägt. Überlassen Sie sich mit Ihrem ganzen Körper diesem Rhythmus.
- Lenken Sie Ihre Aufmerksamkeit auf das Kreuzbein, jenen Bereich der Wirbelsäule, der mit den Beckenknochen zusammengefügt ist. Betreten Sie durch das Kreuzbein den Beckenraum: Sie befinden sich in einem weiten, großen Raum und beginnen ihn nach allen Richtungen zu durchwandern: nach oben – nach unten zu den Knochen, die das Becken abschließen – nach vorne zum Geschlecht und zur Bauchdecke.
- Achten Sie darauf, dass Sie sich mit Ihrem Bewusstsein auch wirklich im Innern dieses Raums aufhalten. Genießen Sie die Weite des Raums.
- Vergegenwärtigen Sie sich jene konkrete Situation der Geborgenheit, für die Sie sich bei der Vorbereitung der Übung entschieden haben. Lassen Sie die Einzelheiten wieder lebendig werden. Und spüren Sie vor allem der Kraft, Stimmung und Energie nach, die mit dieser Erfahrung verbunden waren. Lassen Sie dieselbe Kraft, Stimmung und Energie jetzt in Ihrem Beckenraum wieder aufkommen. Füllen Sie Ihren Beckenraum damit an. Halten Sie sich im Innern des Beckenraums, im Innern dieser Kraft, Stimmung und Energie auf.
- Wenn Sie wahrnehmen, dass diese Kraft nachlässt und verklingt, verlassen Sie mit Ihrer Aufmerksamkeit den Beckenraum und achten Sie auf den Atemstrom und auf den ganzen Körper.
- Lassen Sie sich bewusst werden, wie durch die Übung Ihr Körper, Ihr Befinden, Sie selbst sich verändert haben.

Zur Wiederholung bzw. zur spirituellen Vertiefung Gehen Sie in der Auswahl der Geborgenheitserfahrungen biografisch immer weiter zurück, in Ihre Jugend, in Ihre Kindheit. Verlieren Sie sich aber nicht in Phantasien, bleiben Sie bei konkreten, erinnerbaren Erfahrungen.

Wenn Sie sich nicht sicher sind, ob Sie es mit einer konkreten Erfahrung zu tun haben, versuchen Sie anhand von Dokumenten, Fotos und den Erinnerungen anderer Ihre eigenen Erinnerungen zu verifizieren.

Es ist gut möglich, dass sich, während Sie mit der von Ihnen vorbereiteten Erinnerung arbeiten, eine andere konkrete Situation von Geborgenheit meldet. Gehen Sie dann nicht von der für die Übung ausgewählten Situation weg. Setzen Sie aber die Situation, die sich spontan gemeldet hat, bei einer Wiederholung der Übung ein.

Übung 11: Loslassen

Wissenswertes zur Übung im Kapitel »Die Meditation: schweigen und hören« (S. 61–66)

Ziel der Übung Sie wagen ein inneres Schweigen, das nicht dumpf oder resigniert oder verbittert ist. Es ist vielmehr ein Schweigen, das darauf vertraut, dass sich in diesem offenen, willentlich nicht gestalteten Raum eine Lebenserfüllung anbahnen kann.

Dauer der Übung 25 Minuten

- Richten Sie sich in einer Sitzhaltung ein, in der Sie ohne allzu große Anstrengung den Rücken aufgerichtet halten können. Lenken Sie Ihre Aufmerksamkeit langsam und behutsam auf Ihren Körper, durchwandern Sie ihn in der gewohnten Art und Weise. Verweilen Sie in Ihrem Körper.
- Lenken Sie Ihre Aufmerksamkeit auf den Atemstrom. Versuchen Sie wahrzunehmen, wie der Atem in Ihren Körper einströmt und aus Ihrem Körper wegströmt. Gehen Sie bei jedem Atemzug innerlich mit. Beobachten Sie den Atem, nehmen Sie an seinem Fließen Anteil. Achten

Sie darauf, wie der Atem Ihren Körper rhythmisch bewegt.

- Ihre Aufmerksamkeit gilt dem Verweilen im Körper und dem Mitschwingen im Atemrhythmus. Dadurch entsteht eine Distanz zum Gedankenstrom. Er ist zwar nach wie vor da, aber er dominiert Sie nicht mehr. Er bestimmt Sie nicht mehr. Machen Sie sich diesen freien Raum zu eigen, das ist Ihr Ort. Achten Sie darauf, dass er frei bleibt.
- Wenn Ihnen bewusst wird, dass Sie doch von einem Gedanken oder einer Gefühlsregung besetzt worden sind oder dass Sie den freien Raum für eine innere Inszenierung missbrauchen, lassen Sie los, was Sie als Gedanke, Gefühl oder Inszenierung wahrgenommen haben. Verabschieden Sie diesen Gedanken, dieses Gefühl oder diese Inszenierung, bevor Sie innerlich darüber zu diskutieren oder sich zu ärgern beginnen. Kehren Sie zur Aufmerksamkeit für den Körper und die Atembewegung zurück.
- Vermeiden Sie es, dieser inneren Disziplin etwas Kämpferisches, etwas Verkrampftes, den Anstrich von Leistung zu geben. Geben Sie ihr eher etwas Heiteres, Gelassenes.
- Versuchen Sie, für immer längere Momente im freien, nicht besetzten Raum zwischen der Aufmerksamkeit, dem beobachtenden Bewusstsein und den Gedanken zu verweilen.
- Schließen Sie nach 25 Minuten die Meditation, indem Sie sich nochmals die Atembewegung und den Körper in seiner Sitzhaltung kurz bewusst machen. Vollziehen Sie als erste Bewegung nach dem langen, bewegungslosen Sitzen eine kleine oder große Verneigung.

Zur Wiederholung bzw. zur spirituellen Vertiefung Geben Sie der inneren Disziplin etwas Liebevolles. Oder anders gesagt: Betrachten Sie diese längeren Momente im freien, nicht besetzten Raum als Momente der Liebe, als Momente, in denen Sie die Grundhaltung der Liebe absichtslos, zweckfrei üben können.

Übung 12: Den Tag planen

Wissenswertes zur Übung im Kapitel »Den Tag sehen« (S. 98–100)

Ziel der Übung Sie erleben, was an einem bestimmten Tag, aus einer inneren Warte wahrgenommen, von Bedeutung und was zweitrangig, Füllmaterial des Tages, ist.

Vorbereitung Wählen Sie sich für die Meditation einen bestimmten Tag aus, z. B. den kommenden oder übernächsten Tag.

Dauer der Übung 25 Minuten

- Richten Sie sich in einer Sitzhaltung ein, in der Sie ohne allzu große Anstrengung den Rücken aufgerichtet halten können. Und lenken Sie Ihre Aufmerksamkeit langsam und behutsam auf Ihren Körper, durchwandern Sie ihn in der gewohnten Art und Weise. Verweilen Sie in Ihrem Körper.
- Lenken Sie Ihre Aufmerksamkeit auf den Atemstrom. Versuchen Sie wahrzunehmen, wie der Atem in Ihren Körper einströmt und aus Ihrem Körper wegströmt. Gehen Sie bei jedem Atemzug innerlich mit. Beobachten Sie den Atem, nehmen Sie an seinem Fließen Anteil. Achten Sie darauf, wie der Atem Ihren Körper rhythmisch bewegt. Achten Sie zudem auf den Klang des Atems.
- Durchwandern Sie Ihren Körper und versuchen Sie, die »Stimmungen«, den »Gehalt« der einzelnen Körperpartien wahrzunehmen. Durchwandern Sie den Körper, bis Ihnen eine Stelle als besonders »schweigsam« auffällt. Unterstützen Sie diese Stelle mit Ihrer Aufmerksamkeit, damit sich ihr Schweigen ausbreiten und schließlich den ganzen Körper erfüllen kann.

- Lassen Sie sich auch innerlich, auf der Ebene der Gedanken und Gefühle, von diesem Schweigen erfüllen.
- Vergegenwärtigen Sie sich auf spielerische Art den kommenden Tag. Lassen Sie ohne Unterbrechung und gleichmäßig als inneren Film ablaufen, was Sie von diesem Tag als schon gegeben wissen.
- Wiederholen Sie den Film mehrmals. Spüren Sie der Größe und Intensität der Bilder nach: Welche Momente des Tages rücken in den Vordergrund, welche in den Hintergrund?
- Überlassen Sie sich zwischendurch wieder ganz der Stille und Bildlosigkeit. Lassen Sie auf diese Art los, was sich möglicherweise als unbegründete Erwartung oder unberechtigte Angst in Ihren Film hineinschmuggeln will.
- Wiederholen Sie den Film der Gegebenheiten mehrmals.
- Schließen Sie nach 25 Minuten die Meditation, indem Sie sich nochmals die Atembewegung und den Körper in seiner Sitzhaltung kurz bewusst machen. Vollziehen Sie als erste Bewegung nach dem langen bewegungslosen Sitzen eine kleine oder große Verneigung.

Gleich im Anschluss an diese Meditationsübung ist es hilfreich, die Übung zu reflektieren, und zwar auf dem Hintergrund der Fragen: Wie weit habe ich im Film die Projektion von Wünschen gesehen? Wie weit habe ich den Realitäten Raum gelassen?

Reflexion Falls Sie Lust haben, derselben Erfahrung außerhalb der Meditation nachzugehen und Sie über genügend Zeit verfügen, rüsten Sie sich mit einem großen Bogen Papier und farbigen Stiften aus. Vergegenwärtigen Sie sich den meditierten oder irgendeinen anderen Tag, der bald auf Sie zukommt. Notieren Sie sich stichwortartig, was Sie an diesem Tag voraussichtlich erwartet.

Ordnen und bewerten Sie anschließend mit farbigen Stiften, was Sie sich notiert haben. Geeignete Kategorien sind zum Beispiel:

- dringlich – nebensächlich
- Herzenssache – Kopfsache
- soll mich beanspruchen – braucht mich nicht zu beanspruchen
- geschieht auf Anstoß von außen – geschieht aus einem eigenen inneren Impuls
- mir selbst zuliebe – jemand anderem zuliebe
- mache ich zum ersten Mal – mache ich zum letzten Mal

Lassen Sie sich weitere Kategorien einfallen!
Betrachten Sie nun den Tag in der farbigen Perspektive der Kategorien. Ist er für Sie leichter geworden? Überschaubarer?

Für »Geübte« Vertauschen Sie die festgelegten Kategorien und lassen Sie Ihren Tag Kopf stehen. Ermutigen Sie sich auf diese Art und Weise, dass Sie im jeweiligen Moment die richtigen Kategorien finden werden, dass Sie sich nicht mehr auf fixierte Kategorien zurückbesinnen brauchen.

Übung 13: Sich tagtäglich sehen

Wissenswertes zur Übung im Kapitel »Den Sinnen Sinn geben« (S. 101–105)

Ziel der Übung Sie vergegenwärtigen sich Ihr alltägliches Leben stark von den Sinneserfahrungen her. Das macht Sie »realistischer« und befreit Sie von zu stimmungsabhängigen Deutungen des Lebens.

Vorbereitung Wählen Sie aus einem der vergangenen Tage einen Zeitabschnitt von etwa zwei bis drei Stunden

Dauer. Bleiben Sie während der Meditation bei diesem gewählten Abschnitt.

Dauer der Übung 25 Minuten

- Richten Sie sich in einer Sitzhaltung ein, in der Sie ohne allzu große Anstrengung den Rücken aufgerichtet halten können. Lenken Sie Ihre Aufmerksamkeit langsam und behutsam auf Ihren Körper, durchwandern Sie ihn in der gewohnten Art und Weise. Verweilen Sie in Ihrem Körper.
- Lenken Sie Ihre Aufmerksamkeit auf den Atemstrom. Versuchen Sie wahrzunehmen, wie der Atem in Ihren Körper einströmt und aus Ihrem Körper wegströmt. Gehen Sie bei jedem Atemzug innerlich mit. Beobachten Sie den Atem, nehmen Sie an seinem Fließen Anteil. Achten Sie darauf, wie der Atem Ihren Körper rhythmisch bewegt. Achten Sie zudem auf den Klang des Atems.
- Durchwandern Sie Ihren Körper und versuchen Sie, die »Stimmungen«, den »Gehalt« der einzelnen Körperpartien wahrzunehmen. Durchwandern Sie den Körper, bis Ihnen eine Stelle als besonders »schweigsam« auffällt. Unterstützen Sie diese Stelle mit Ihrer Aufmerksamkeit, damit sich von dort aus ihr Schweigen ausbreiten und schließlich den ganzen Körper erfüllen kann.
- Lassen Sie sich auch innerlich, auf der Ebene der Gedanken und Gefühle, von diesem Schweigen erfüllen.
- Vergegenwärtigen Sie sich – wie in einem Stummfilm –, was Sie im ausgewählten Zeitabschnitt wahrgenommen, erlebt, getan haben. Stummfilm bedeutet: Verzichten Sie auf eine kommentierende innere Stimme. Betrachten Sie die ausgewählten Stunden wertungsfrei.
- Wiederholen Sie den inneren Film vier- bis fünfmal und stellen Sie jedes Mal einen anderen Sinn in den Vordergrund: Was habe ich in diesem Zeitraum gesehen – gehört – an Düften wahrgenommen – geschmeckt – be-

rührt – von wem bin ich berührt worden – wie habe ich mich körperlich gefühlt und welche Stimmungen haben mich erfüllt?

- Schließen Sie nach 25 Minuten die Meditation, indem Sie sich nochmals die Atembewegung und den Körper in seiner Sitzhaltung kurz bewusst machen. Vollziehen Sie als erste Bewegung nach dem langen bewegungslosen Sitzen eine kleine oder große Verneigung.

Reflexion Wir Menschen verfügen über die Nahsinne (zur Erinnerung: die Sensibilität der Haut, die Tiefensensibilität und den Gleichgewichtssinn) und die Fernsinne (Sehsinn, Gehör, Geschmack, Geruch, Tastsinn).
Falls Sie die Wirkung der Meditationsübung vertiefen möchten, halten Sie zu einem geeigneten Zeitpunkt schriftlich fest, welchen dieser Sinne Sie normalerweise zu kurz kommen lassen und in den nächsten Tagen bewusst fördern möchten. Notieren Sie sich Beispiele, bei welchen Gelegenheiten Sie ihm vermehrt Aufmerksamkeit schenken können und möchten. Und setzen Sie das eine oder andere Beispiel möglichst bald in die Tat um. Halten Sie Ihre Erfahrungen fest.
Die Faszination für Ihren vernachlässigten Sinn lässt sich vielleicht noch verstärken durch die Beschäftigung mit einem Fachbuch oder Film, der das Funktionieren der Sinne darstellt.

Übung 14: Die Konstellationen und ihre Mitte

Wissenswertes zur Übung im Kapitel »Den Tag sehen« (S. 98–100)

Ziel der Übung Unsere Reaktionen und unser Handeln werden meistens von verwirrend vielen, ja oft gegensätzlichen Motiven bestimmt. Diese Meditation klärt diese Vielfalt und macht die Lebensthemen deutlich, die immer wiederkehren.

Vorbereitung Wählen Sie aus einem der vergangenen Tage einen Zeitabschnitt von etwa zwei bis drei Stunden Dauer. Bleiben Sie während der Meditation bei diesem gewählten Abschnitt.

Dauer der Übung 25 Minuten

- Richten Sie sich in einer Sitzhaltung ein, in der Sie ohne allzu große Anstrengung den Rücken aufgerichtet halten können. Lenken Sie Ihre Aufmerksamkeit langsam und behutsam auf Ihren Körper, durchwandern Sie ihn in der gewohnten Art und Weise. Verweilen Sie in Ihrem Körper.
- Lenken Sie Ihre Aufmerksamkeit auf den Atemstrom. Versuchen Sie wahrzunehmen, wie der Atem in Ihren Körper einströmt und aus Ihrem Körper wegströmt. Gehen Sie bei jedem Atemzug innerlich mit. Beobachten Sie den Atem, nehmen Sie an seinem Fließen Anteil. Achten Sie darauf, wie der Atem Ihren Körper rhythmisch bewegt. Achten Sie zudem auf den Klang des Atems.
- Durchwandern Sie Ihren Körper und versuchen Sie, die »Stimmungen«, den »Gehalt« der einzelnen Körperpartien wahrzunehmen. Durchwandern Sie den Körper, bis Ihnen eine Stelle als besonders »schweigsam« auffällt. Unterstützen Sie diese Stelle mit Ihrer Aufmerksamkeit, damit sich von dort aus ihr Schweigen ausbreiten und schließlich den ganzen Körper erfüllen kann.
- Lassen Sie sich auch innerlich, auf der Ebene der Gedanken und Gefühle, von diesem Schweigen erfüllen.
- Vergegenwärtigen Sie sich, was Sie im ausgewählten Zeitabschnitt wahrgenommen, erlebt und getan haben.

- Wiederholen Sie den inneren Film mehrmals und benennen Sie die Motive, die Absichten und die Ideen, die Sie bei Ihren Reaktionen und bei Ihrem Tun beseelt haben. Wenn Sie vermuten, dass Sie damals, im Rahmen des gewählten Zeitabschnittes, von anderen Motiven, Absichten und Ideen erfüllt waren, als sie Ihnen jetzt, in der zeitlichen Distanz, bewusst werden, versuchen Sie sie zu benennen.
- Versuchen Sie im Laufe der Wiederholungen des inneren Films immer allgemeinere und umfassendere Benennungen zu finden.
- Schließen Sie nach 25 Minuten die Meditation, indem Sie sich nochmals die Atembewegung und den Körper in seiner Sitzhaltung kurz bewusst machen. Vollziehen Sie als erste Bewegung nach dem langen bewegungslosen Sitzen eine kleine oder große Verneigung.

Gleich im Anschluss an die Meditation ist es hilfreich, diese Übung zu reflektieren, und zwar anhand der Fragen: Kommen die Benennungen wirklich von Ihnen? Oder klingt aus Ihren Benennungen eine »Fremdstimme«, etwa die Stimme des Vaters, der Mutter, einer Persönlichkeit, die Sie in Ihrer Jugend geprägt hat, die Stimme eines Vorbilds, an dem Sie sich orientieren?

Reflexion Wenn Sie die Meditation bereits öfter und anhand von unterschiedlichen Tagesabschnitten vollzogen haben, kann es sinnvoll sein, die Benennungen beziehungsweise die Sie bestimmenden Motive und Ideen zu ordnen. Vielleicht können Sie mit farbigen Stiften und verschiedenen Kategorien arbeiten. Ordnen Sie Ihre Motive z. B. nach deren Herkunft: Von wem haben Sie sie, bewusst oder unbewusst, übernommen? Seit wann – möglicherweise seit einem ganz bestimmten Vorfall – beeinflusst Sie ein bestimmtes Motiv?

Wenn Sie von den allgemeineren, umfassenderen Benennungen ausgehen: Welche Motive agieren in diesem Rahmen offen und welche versteckt? Kennen Sie auch Motive, die sich tarnen? Motive, auf die Sie selbst schon hereingefallen sind?
Wie gehen Sie mit unredlichen Motiven um?
Der Sinn dieser Übung besteht weder in einem Selbstgespräch mit Beichtcharakter noch in einer Selbstrechtfertigung. Er besteht schlicht darin zu sehen, wie bunt unsere Motive sind und dass sie sich leicht zu einzelnen Motivgruppen zusammenfügen lassen.

Übung 15: Orte der Stille

Wissenswertes zur Übung im Kapitel »Die Stille-Kostbarkeiten« (S. 42–45)

Ziel der Übung Es geht bei dieser Übung um die Verknüpfung der Entspannungserfahrung mit konkreten Orten der Lebensgeschichte und des Alltags.

Vorbereitung Bevor Sie sich hinlegen und für die Entspannungsübung einrichten, vergegenwärtigen Sie sich bitte zwei, drei Orte, an denen Sie ausgeprägt Ruhe und Stille erlebt haben. Es kann sich um landschaftliche Orte handeln, aber auch um Räume in Häusern oder Kirchen. Es kann ein Ort sein, der »objektiv« still ist, aber auch ein Ort, der speziell für Sie aufgrund von besonderen Umständen zu einem Ort der Stille geworden ist. – Es ist im Übrigen nebensächlich, wie weit die Erfahrung dieser Orte der Stille zeitlich zurückliegt, ob diese Orte zu Ihrem aktuellen Alltag oder in die früheren Jahre Ihrer Lebensgeschichte gehören. Die Erfahrung ist in Ihnen gespeichert und es geht um diese gespeicherte Kraft.

Falls Sie den Eindruck haben, über keine solche Erfahrung zu verfügen, setzen Sie in der Übung Ihre Sehnsucht ein, die Sehnsucht nach einem Ort der Stille.

Dauer der Übung 15 bis 20 Minuten

- Richten Sie sich in der Rückenlage ein. Sie liegen auf einer Matte oder Decke. – Sie können auch weitere Hilfsmittel einsetzen, wenn dies Ihrem Wohlbefinden im Liegen dient.
- Lenken Sie Ihre Aufmerksamkeit langsam und behutsam auf Ihren Körper:
  - die Handflächen, die Finger, die Handrücken, die Hände, die Handgelenke, die Unterarme, die Ellbogen, die Oberarme, die Schultergelenke
  - die Fußsohlen, die Zehen, die Fußrücken, die Fersen, die Füße, die Fußgelenke, die Waden, die Knie, die Oberschenkel, die Hüften, das Becken
  - den Rücken, die Schultern, den Nacken, die Kopfhaut, das Gesicht, die Brust, den Bauch, das Becken.

  Verweilen Sie in Ihrem Körper.
- Lenken Sie Ihre Aufmerksamkeit auf den Atemstrom und beobachten Sie sein regelmäßiges Kommen und Gehen: bei den Nasenflügeln, im Naseninnern, im Rachenraum, im Kehlkopf und im Bereich der Bronchien.
- Achten Sie zudem darauf, wie und wo der Atem Ihren Körper mit seinem Rhythmus prägt. Überlassen Sie sich mit Ihrem ganzen Körper diesem Rhythmus.
- Vergegenwärtigen Sie sich die zwei, drei Orte der Stille, für die Sie sich bei der Vorbereitung der Übung entschieden haben. Lassen Sie wieder lebendig werden, was damals an diesen Orten die Stille ausgemacht hat. Spüren Sie dem nach, was die Stille dieser Orte damals mit Ihnen gemacht hat und wo diese Wirkungen jetzt noch in Ihrem Körper gespeichert sind.

- Vermutlich werden sich während der Entspannung aus Ihrer Erinnerung weitere Orte der Stille melden. Lassen Sie sie zu. Gehen Sie mit ihnen um wie mit den bewusst ausgewählten Orten: Lassen Sie die konkreten Einzelheiten, die damals den Ort zu einem Ort der Stille gemacht haben, wieder lebendig werden und spüren Sie ihrer Wirkung nach.
- Wenn Sie wahrnehmen, dass die Kraft dieser Orte der Stille nachlässt und verklingt, lenken Sie Ihre Aufmerksamkeit auf den Atemstrom und auf den ganzen Körper. Lassen Sie sich bewusst werden, wie Ihr Körper, Ihr Befinden, Sie selbst sich durch die Übung verändert haben.

Zur Wiederholung bzw. zur spirituellen Vertiefung Wählen Sie vermehrt Orte der Stille aus, die zu Ihrem Alltag gehören, sogar Orte, die nur ansatzweise oder in einer kleinen Dosis Stille vermitteln, Orte, die hinsichtlich der Stille erst entdeckt werden müssen. Das heißt: Immer stärker geht es um Ihre eigene Disposition. Wenn die Stille in Ihnen wach geworden ist, können Sie sie auch an Orten aufstöbern, wo sie noch verdeckt ist. Jeder Ort kann zu einem Ort der Stille werden.

Übung 16: Der ideale Ort der Stille

Wissenswertes zur Übung im Kapitel »Die Stille-Kostbarkeiten« (S. 42–45)

Ziel der Übung Auf kreative Art wird der ideale Ort der Stille »zusammengebaut«, aus Elementen konkret erlebter Orte der Stille und Elementen der Phantasie. Dieser ideale Ort der Stille kann zu einem inneren Zufluchtsort werden, der im Alltag Erholung und Sicherheit bietet.

Dauer der Übung 15 bis 20 Minuten

- Richten Sie sich in der Rückenlage ein. Sie liegen auf einer Matte oder Decke. – Sie können auch weitere Hilfsmittel einsetzen, wenn dies Ihrem Wohlbefinden im Liegen dient.
- Lenken Sie Ihre Aufmerksamkeit behutsam auf Ihren Körper:
  - die Handflächen, die Finger, die Handrücken, die Hände, die Handgelenke, die Unterarme, die Ellbogen, die Oberarme, die Schultergelenke
  - die Fußsohlen, die Zehen, die Fußrücken, die Fersen, die Füße, die Fußgelenke, die Waden, die Knie, die Oberschenkel, die Hüften, das Becken
  - den Rücken, die Schultern, die Kopfhaut, das Gesicht, die Brust, den Bauch, das Becken.

  Verweilen Sie in Ihrem Körper.
- Lenken Sie Ihre Aufmerksamkeit auf den Atemstrom und beobachten Sie sein regelmäßiges Kommen und Gehen: im Bereich der Nasenflügel, im Naseninnern, im Rachenraum, im Kehlkopf und im Bereich der Bronchien.
- Achten Sie zudem darauf, wie und wo der Atem Ihren Körper mit seinem Rhythmus prägt. Überlassen Sie sich mit Ihrem ganzen Körper diesem Rhythmus.
- Wenn Sie innerlich zur Ruhe gekommen sind, fügen Sie sich Ihren Ort der Stille aus den Elementen zusammen, die Ihnen wichtig scheinen. Probieren Sie auch jene Elemente aus, die sich spontan einstellen.

  Je nach Grad der Entspannung erleben Sie es als ein allmähliches Zusammensetzen des Ortes; es kann aber auch sein, dass der Ort plötzlich vor Ihnen steht, wie »von selbst« gefügt, als ob es ihn schon lange in Ihnen geben würde.
- Verweilen Sie an Ihrem idealen Ort der Stille. Halten Sie sich für seine Kraft offen.
- Wenn Sie wahrnehmen, dass die Kraft dieses idealen Ortes nachlässt und verklingt, lenken Sie Ihre Aufmerksamkeit auf den Atemstrom und auf den ganzen Körper.

Lassen Sie sich bewusst werden, wie Ihr Körper, Ihr Befinden, Sie selbst sich durch die Übung verändert haben.

Zur Wiederholung bzw. spirituellen Vertiefung Viele Märchen, aber auch die biblische Tradition vermitteln erzählerisch ideale Orte einer kraftvollen Stille. Wenn Ihnen solche Beispiele vertraut sind, können Sie sie in die Entspannung mit einbeziehen. Achten Sie darauf, dass Sie sich solche Beispiele nicht willentlich aneignen, d. h. den jetzt für Sie wichtigen persönlichen Ort der Stille mit einem fremden Bild überdecken. Benutzen Sie die tradierten Bilder idealer Orte nur, wenn Sie während der Entspannung merken, dass sie Kraft, Stimmigkeit und Energie in Ihnen wecken.

Übung 17: Wandel des Gottesbildes

Wissenswertes zur Übung im Kapitel »Gott – das Schweigen der Stille« (S. 74–81)

Ziel der Übung Gott und Gottesbild sind nicht dasselbe. Dieser Differenz spürt die Übung nach. Sie kann Ihnen helfen, ein antiquiertes und quälendes Gottesbild abzubauen, das zwar mit bestimmten Erfahrungen in Ihrem Leben, aber vermutlich nichts mit Gott zu tun hat.

Dauer der Übung 25 Minuten

- Richten Sie sich in einer Sitzhaltung ein, in der Sie ohne allzu große Anstrengung den Rücken aufgerichtet halten können. Lenken Sie Ihre Aufmerksamkeit langsam und behutsam auf Ihren Körper, durchwandern Sie ihn in der gewohnten Art und Weise. Verweilen Sie in Ihrem Körper.
- Lenken Sie Ihre Aufmerksamkeit auf den Atemstrom. Versuchen Sie wahrzunehmen, wie der Atem in Ihren

Körper einströmt und aus Ihrem Körper wegströmt. Gehen Sie bei jedem Atemzug innerlich mit. Beobachten Sie den Atem, nehmen Sie an seinem Fließen Anteil. Achten Sie darauf, wie der Atem Ihren Körper rhythmisch bewegt. Achten Sie zudem auf den Klang des Atems.

- Durchwandern Sie Ihren Körper und versuchen Sie, die »Stimmungen«, den »Gehalt« der einzelnen Körperpartien wahrzunehmen. Durchwandern Sie den Körper, bis Ihnen eine Stelle als besonders »schweigsam« auffällt. Unterstützen Sie diese Stelle mit Ihrer Aufmerksamkeit, damit sich von dort aus ihr Schweigen ausbreiten und schließlich den ganzen Körper erfüllen kann.
- Lassen Sie sich auch innerlich, auf der Ebene der Gedanken und Gefühle, von diesem Schweigen erfüllen.
- Vergegenwärtigen Sie sich die Elemente, aus denen sich Ihre Gottesvorstellung zusammensetzt. Lassen Sie daraus ein Bild werden: ein Bild aus alltäglichen Verhaltensweisen und Reaktionen, die durch die Gottesvorstellung bestimmt werden, aber auch ein Stimmungsbild.
- Vergegenwärtigen Sie sich eine Gottesvorstellung, die Sie früher (in Ihrer Kindheit, Jugend oder vor ein paar Jahren) geprägt hat. Und lassen Sie die beiden Bilder in einen Austausch kommen. Versuchen Sie wahrzunehmen, was sich verändert hat, wie Sie sich verändert haben, was gleich geblieben ist.
- Schließen Sie nach 25 Minuten die Meditation, indem Sie sich nochmals die Atembewegung und den Körper in seiner Sitzhaltung kurz bewusst machen. Vollziehen Sie als erste Bewegung nach dem langen, bewegungslosen Sitzen eine kleine oder große Verneigung.

Reflexion Nehmen Sie sich auch unabhängig von der Meditationspraxis Zeit, Ihr Gottesbild genauer anzuschauen. Je nach Fähigkeit oder Stimmung malen oder schreiben Sie. Wenn Sie schreiben, versuchen Sie zu beschreiben, woher und wodurch sich die einzelnen Elemente Ihres Gottesbil-

des zusammengefügt haben. Machen Sie die Ursachen, die Quellen dieser Elemente ausfindig.
Wenn Sie malen oder zeichnen, versuchen Sie dasselbe auf bildhafte Art: Stellen Sie das Gemeinsame der Bildelemente, aber auch Ihre Verschiedenheit dar. Gestalten Sie ein Bild, das beides deutlich macht.
Gestatten Sie sich anschließend ein Gespräch mit Gott, besprechen Sie das Bild mit Gott. – Wenn Ihnen Ihrer Gottesvorstellung entsprechend ein solches Gespräch gar nicht denkbar ist, führen Sie ein Selbst-Gespräch. – Welche Elemente sind aktuell, welche sind vorbei (auch wenn sie Ihnen vielleicht noch am Herzen liegen)? Welches Element besitzt für Sie jetzt am meisten Anziehungskraft?
Wenn die Frage nach dem Gottesbild Sie interessiert, können Sie auf dieselbe Art auch die Gottesvorstellungen anderer Menschen angehen. Achten Sie darauf, dass Sie sich nicht überheblich mit dem Gottesbild anderer Menschen beschäftigen. Gehen Sie vielmehr behutsam vor: Die Art und Weise, wie andere Menschen sich an diese Erfahrungen herantasten, wie sie sich Erklärungen bauen, aber auch in Erklärungen hineingezogen werden, kann Ihnen auch das eigene Suchen erhellen.

Übung 18: Im Lieblingsgebet

Wissenswertes zur Übung im Kapitel »Die Meditation als Abschied von der Sprache« (S. 67–73)

Ziel der Übung Traditionellerweise sind unsere Gebete schwer, sie sind befrachtet mit Gedanken, Anliegen, Absichten, Ängsten, Hoffnungen … Sie sind so schwer, dass Gott vor lauter Fracht vergessen werden kann. Diese und die folgende Meditationsübung möchten Gott – oder wenn Sie es vorziehen: Sie selbst – von dieser Gebetslast befreien.

Vorbereitung Nehmen Sie sich vor der Meditation Zeit, um sich ein Ihnen wichtiges Gebet einzuprägen. – Ob es für Sie aktuell wichtig ist oder früher einmal wichtig war, spielt für die Übung keine Rolle. – Es kann auch hilfreich sein, das Gebet von Hand zu schreiben und das geschriebene Gebet zum Meditationsplatz mitzunehmen.
Wenn Beten für Sie etwas Ungewohntes oder Fremdes ist und Sie über keine Gebete verfügen, suchen Sie in Ihrer Erinnerung – oder in Ihren Büchern – nach einem Gebet oder einem Gebetssatz eines anderen Menschen, das oder der Ihnen irgendwann einmal aufgefallen ist. Dieses Gebet oder dieser Gebetssatz sollte Sie anziehen oder zumindest neugierig machen, etwa in dem Sinn, was wohl diese andere Person in diesen Worten gesucht bzw. mit ihnen zum Ausdruck gebracht haben könnte … – dann ist es für die Meditation geeignet.
Wenn Sie sich eingestehen müssen, dass Beten allgemein oder die Gebete, die Ihnen zur Zeit einfallen, negativ besetzt sind, ist es wohl besser, wenn Sie diese Übung (noch) nicht vollziehen.

Dauer der Übung 25 Minuten

- Richten Sie sich in einer Sitzhaltung ein, in der Sie ohne allzu große Anstrengung den Rücken aufgerichtet halten können. Lenken Sie Ihre Aufmerksamkeit langsam und behutsam auf Ihren Körper, durchwandern Sie ihn in der gewohnten Art und Weise. Verweilen Sie in Ihrem Körper.
- Lenken Sie Ihre Aufmerksamkeit auf den Atemstrom. Versuchen Sie wahrzunehmen, wie der Atem in Ihren Körper einströmt und aus Ihrem Körper wegströmt. Gehen Sie bei jedem Atemzug innerlich mit. Beobachten Sie den Atem, nehmen Sie an seinem Fließen Anteil. Achten Sie darauf, wie der Atem Ihren Körper rhythmisch bewegt. Achten Sie zudem auf den Klang des Atems.

- Lassen Sie dann ganz langsam, Satz für Satz, Wort für Wort, das Gebet in Ihnen aufklingen. Lassen Sie sich unendlich viel Zeit für das Gebet, Sie brauchen am Ende der Meditationszeit das Ende des Gebets nicht erreicht haben.
- Behandeln Sie das Gebet – ähnlich wie den Klang und die Energie des Atems – als einen Klang, der durch Sie hindurchzieht, der in Ihnen Reaktionen hervorruft, und als eine Kraft, die Sie leben lässt und sich in Ihnen entfalten will. Nehmen Sie sich im Kraftfeld des Gebetes wahr. In welchen Körperregionen klingt das Gebet auf?
- Schließen Sie nach 25 Minuten die Meditation, indem Sie sich nochmals die Atembewegung und den Körper in seiner Sitzhaltung kurz bewusst machen. Vollziehen Sie als erste Bewegung nach dem langen bewegungslosen Sitzen eine kleine oder große Verneigung.

Zur Wiederholung bzw. spirituellen Vertiefung Vertrauen Sie darauf, dass sich Ihnen in der Meditation der Grund dieses Gebetes mitteilt, der Grund in einem doppelten Sinn: die für Sie zentrale Stelle des Gebetes (ein bestimmter Satz, ein bestimmtes Wort, eine bestimmte seelische Haltung) und der Auftrag des Gebetes in Ihrem Leben. Lassen Sie deshalb, getragen von diesem Vertrauen, das Gebet immer einfacher werden, bis es sich auf einen Satz oder ein Wort oder eine wortlose innere Haltung reduziert.

Übung 19: Der Raum zwischen den Gebetsworten

Wissenswertes zur Übung im Kapitel »Die Meditation als Abschied von der Sprache« (S. 67–73)

Ziel der Übung Es gehört zur Überzeugung der christlichen, aber auch der anderen Religionen, dass Gott durch die menschliche Sprache zwar nicht vollständig, aber doch relevant erfasst werden kann. Das Wesen Gottes und Gottes

Zuwendung können durch Sprache vermittelt werden. Und Gott nimmt auch unsere Sprache ernst, wenn wir beten. Neben dieser Überzeugung gilt ebenso, dass Gott sich der Sprache immer auch entzieht, dass sich die wesentliche Begegnung mit Gott letztlich nur im Schweigen vollziehen kann. Gott im Schweigen begegnen – eine Vertrauensübung.

Vorbereitung Prägen Sie sich wieder dasselbe Gebet ein, das Sie für die vorangegangene Meditationsübung eingesetzt haben.

Dauer der Übung 25 Minuten

- Richten Sie sich in einer Sitzhaltung ein, in der Sie ohne allzu große Anstrengung den Rücken aufgerichtet halten können. Und lenken Sie Ihre Aufmerksamkeit langsam und behutsam auf Ihren Körper, durchwandern Sie ihn in der gewohnten Art und Weise. Verweilen Sie in Ihrem Körper.
- Lenken Sie Ihre Aufmerksamkeit auf den Atemstrom. Versuchen Sie wahrzunehmen, wie der Atem in Ihren Körper einströmt und aus Ihrem Körper wegströmt. Gehen Sie bei jedem Atemzug innerlich mit. Beobachten Sie den Atem, nehmen Sie an seinem Fließen Anteil. Achten Sie darauf, wie der Atem Ihren Körper rhythmisch bewegt. Achten Sie zudem auf den Klang des Atems.
- Lassen Sie dann ganz langsam, Satz für Satz, Wort für Wort, das Gebet in Ihnen aufklingen. Lassen Sie sich unendlich viel Zeit für das Gebet.
- Zerdehnen Sie das Gebet, indem Sie die Sätze und Wörter in ihre Laute auflösen und die Pausen, die Schweigeräume zwischen den Wörtern bzw. Lauten, immer länger und immer wesentlicher werden lassen. Als ob die Wörter aus dem Schweigen hervorgehen und nach dem Aufklingen ins Schweigen zurücksinken würden. – Wie der Atem, der von weither kommt, hörbar durch uns hin-

durchschwingt und ins Ungreifbare weiterzieht. – Als ob hinter dem Schweigen ein unhörbares Wort verborgen läge, das sich in einzelnen Wörtern kurzfristig hörbar macht.

- Schließen Sie nach 25 Minuten die Meditation, indem Sie sich nochmals die Atembewegung und den Körper in seiner Sitzhaltung kurz bewusst machen. Vollziehen Sie als erste Bewegung nach dem langen bewegungslosen Sitzen eine kleine oder große Verneigung.

Zur Wiederholung bzw. spirituellen Vertiefung Wenn Ihnen aus dem Neuen Testament eine Geschichte oder eine Aussage Jesu wichtig ist – oder ein Text aus einer anderen religiösen Überlieferung –, versuchen Sie den Text in derselben Art und Weise zu vereinfachen, zu zerdehnen, zu »durchlöchern«, auf seinen Schweigegehalt hin zu konzentrieren.
Diese Art von meditativer Vereinfachung und Sprachlosigkeit schließt nicht aus, dass Sie sich zu anderen Zeiten sprachbewusst und mit Hilfe von wissenschaftlichen Kommentaren mit den Heiligen Schriften Ihrer oder einer anderen Religion auseinandersetzen.

Übung 20: Gott vor seiner Botschaft

Wissenswertes zur Übung im Kapitel »Gott – das Schweigen der Stille« (S. 74–81)

Ziel der Übung Das »vor« im Titel der Übung meint sowohl etwas Zeitliches: Gott, bevor es ihn in den sprachlich ausformulierten Religionen gegeben hat, als auch eine bestimmte Erfahrungsebene, die Ihnen vermutlich vertraut ist: Gott, bevor Sie für ihn Worte gefunden haben, oder: Gott jenseits der Worte, die Sie für ihn finden. Falls Sie durch die christliche Lehre oder eine andere Religion geprägt worden sind, kann es Ihnen zunächst schwerfallen, Gott im Wortlosen wahrzunehmen und gelten zu lassen. Die Übung möchte Ihnen das Schweigen als Gottesraum näherbringen.

Vorbereitung Es ist gut möglich, dass das Schweigen in Ihrer Biografie nicht so selbstverständlich positiv besetzt ist, wie das die Übung voraussetzt. Vielleicht haben Sie das Schweigen als Bestrafung erlebt, als Ausschluss, als Unterdrückung. Oder Sie erfahren sich als eine Person, die zuviel schweigt, der die richtigen Worte fehlen oder der Mut, die richtigen Worte auch zu sagen. Wappnen Sie sich mit Geduld. Möglicherweise fällt Ihnen während der Meditation ein, was Ihnen das Schweigen verdächtig macht, oder Sie durchleuchten Ihre Lebensgeschichte, allein oder im Gespräch, mit jemand anderem, um dem auf die Spur zu kommen, was ein Schweigen verhindert. Wenn Sie die Übung vollziehen, achten Sie darauf, dass Sie sich nicht in ein negativ geprägtes, dumpfes Schweigen verlieren.

Dauer der Übung 25 Minuten

- Richten Sie sich in einer Sitzhaltung ein, in der Sie ohne allzu große Anstrengung den Rücken aufgerichtet halten können. Lenken Sie Ihre Aufmerksamkeit langsam und behutsam auf Ihren Körper, durchwandern Sie ihn in der gewohnten Art und Weise. Verweilen Sie in Ihrem Körper.
- Lenken Sie Ihre Aufmerksamkeit auf den Atemstrom. Versuchen Sie wahrzunehmen, wie der Atem in Ihren Körper einströmt und aus Ihrem Körper wegströmt. Gehen Sie bei jedem Atemzug innerlich mit. Beobachten Sie den Atem, nehmen Sie an seinem Fließen Anteil. Achten Sie darauf, wie der Atem Ihren Körper rhythmisch bewegt. Achten Sie zudem auf den Klang des Atems.

- Durchwandern Sie Ihren Körper und versuchen Sie, die »Stimmungen«, den »Gehalt« der einzelnen Körperpartien wahrzunehmen. Durchwandern Sie den Körper, bis Ihnen eine Stelle als besonders »schweigsam« auffällt. Unterstützen Sie diese Stelle mit Ihrer Aufmerksamkeit, damit sich ihr Schweigen ausbreiten und schließlich den ganzen Körper erfüllen kann.
- Lassen Sie sich auch innerlich, auf der Ebene der Gedanken und Gefühle, von diesem Schweigen erfüllen.
- Dehnen Sie das Schweigen aus: über den Raum des Körpers hinaus in den Raum, in dem Sie sich aufhalten.
- Vergegenwärtigen Sie sich die Schweigeräume, in denen Sie jetzt sitzen und leben: der Sinn beziehungsweise das Rätsel Ihres Lebens, der Sinn beziehungsweise das Rätsel jener Menschenleben, mit denen Sie verbunden sind, der Raum Gottes. Achten Sie darauf, dass Sie nun nicht über diese Räume nachsinnen! Es ist besser, wenn Sie sie einfach aushalten.
- Schließen Sie nach 25 Minuten die Meditation, indem Sie sich nochmals die Atembewegung und den Körper in seiner Sitzhaltung kurz bewusst machen. Vollziehen Sie als erste Bewegung nach dem langen bewegungslosen Sitzen eine kleine oder große Verneigung.

Zur Wiederholung bzw. spirituellen Vertiefung Was in der Übungsanleitung mit »Schweigen« angedeutet worden ist, bezeichnen die christlichen Mystiker und Mystikerinnen häufig als »Frieden«. Lassen Sie sich im Vollzug der Übung von den Worten des Johannes Tauler (ca. 1300–1361) anregen:

Ist etwas von einem in Gott, so hat es Frieden.
Ist etwas von einem außer Gott, so hat es Unfrieden.
Sowie der Mensch in diesen Frieden gelangt,
so wird er tatsächlich und wirklich ein Tempel Gottes.

Anmerkungen

1 Philippe Jaccottet: Fliegende Saat. Aufzeichnungen 1954–1979, München/Wien 1995, 14.

2 »Kurz vor der Zeremonie teilt man mir mit, dass mein Name Taïkan Jyoji lauten wird. Taïkan bedeutet in etwa ›große Weite‹ (des Geistes) und Jyoji ›ewige Liebe zu den Menschen‹. Dieser Name hat nun gar nichts mit mir gemeinsam, und ich begreife, dass der Meister Zeit brauchte, um auf diesen Namen zu kommen. Ewige Liebe zu den Menschen – das bringt mich zum Lachen. Oder ahnt der Meister bereits, dass die Zen-Praxis in mir das Mitleid fördert? Ein Tritt in den Hintern des Schülers ist im Zen noch immer das beste Mittel, ihn vorwärts zu bringen! Der Name will kein Abbild des entsprechenden Menschen sein und weist auch nicht auf eine Veranlagung hin. Der Name gibt eher eine Richtung an, das Ziel, das man erreichen sollte.« Taïkan Jyoji: Tagebuch eines Zen-Meisters, der aus dem Westen kam, Zürich/Düsseldorf 1997, 136.

3 Weiter heißt es: »Das bedeutet im Übrigen gar nicht, dass der Zen den Intellekt leugnet. Eine große Zahl der psychologischen und physiologischen Probleme lösen sich auf, wenn man sich auf die Stelle unterhalb des Nabels konzentriert. Diese Stelle des Körpers durch Konzentration zu wecken wirkt wie das Aufwecken des Unbewussten.« Ebd., 205.

4 Ebd., 153.

5 Ebd., 164.

6 Es kommt nicht nur zur Muskelspannung, der ganze Körper wird alarmiert: »Der Sympathikus wird aktiviert, wenn der Körper sich auf Bewegung und Überleben konzentriert, zum Beispiel bei einem Unfall oder während eines Rennens oder eines Auftritts. Stimulation des sympathischen Nervensystems resultiert in erhöhter Herz- und Lungentätigkeit und verminderter Aktivität der Verdauungsorgane. Wenn wir also kurz vor einem Vortrag oder einem Rennen stehen, schlägt unser Herz schneller, während die Verdauung in Wartehaltung bleibt. Das parasympathische Nervensystem dagegen wird aktiviert, wenn der Körper dabei ist, zu entspannen und zu verdauen, und wenn es Zeit zum Integrieren ist, zum Beispiel nach einem üppigen Mahl. In dieser Situation verlangsamen sich Atmen und Herzschlag, und das Verdauungssystem wird aktiviert. Der tägliche Ausgleich zwischen Aktivität und Ruhe ist Grundlage des gesunden Funktionierens unserer inneren Organe.« Andrea Olsen: Körpergeschichten. Das Abenteuer der Körpererfahrung, Freiburg i. Br. 1994, 126.

7 »Menschen, die unter dauerndem Stress stehen oder längere Zeit in ›Alarmbereitschaft‹ waren (wie Kriegsveteranen, Studenten im Examen, Mütter kleiner Kinder, Kinder von Alkoholikern oder missbrauchte Kinder), finden es oft schwierig, die Balance zwischen sympathischem und parasympathischem Nervensystem wiederherzustellen. Für viele von uns ist es schwierig, eine Situation herzustellen, in der genügend Zeit, Vertrauen und Entspannung zur Verfügung stehen, um den Impuls für Ruhe, Verdauung und Integration zu aktivieren. Teil des Prozesses der Heilung des Nervensystems ist, eine Umgebung herzustellen, in der es in Ordnung ist, abzuschalten und unterstützt zu werden, ohne den Druck der Alarmbereitschaft für das Überleben.« Ebd., 126.

8 Magdalena Rüetschi: Pascal's Zimmer. Gedichte, Frauenfeld 1992, 38. Magdalena Rüetschi lebt in Aarau (Schweiz), sie ist als Psychotherapeutin tätig, früher auch als Dozentin am C. G. Jung-Institut und als Lehranalytikerin. Nach mehreren Kinderbüchern hat sie drei Gedichtbände veröffentlicht: Pascal's Zimmer (1992), Wer aber weiterzieht (1998), Elfenbeinschwarz (2007).

9 »Als Gott, der Herr, Erde und Himmel machte, gab es zunächst noch kein Gras und keinen Busch in der Steppe, denn Gott hatte es noch nicht regnen lassen. Es war auch noch niemand da, der das Land bebauen konnte. Nur aus der Erde stieg Wasser auf und tränkte den Boden. Da nahm Gott Erde, formte daraus den Menschen und blies ihm den Lebenshauch in die Nase. So wurde der Mensch lebendig.« (Gen 2,4b–7)

10 Christian Morgenstern: Werke und Briefe, Bd. 5, Aphorismen. Hrsg. von Reinhardt Habel, Stuttgart 1987, 247.

11 Ruth Rufer: Lebendig im Atem. Selbsterfahrung und Therapie durch Atemarbeit, Solothurn/Düsseldorf 1995, 50.

12 Marc-Alain Ouaknin: Symbole des Judentums, Wien [2]1997, 54–58.

13 »Am siebten Tag hatte Gott sein Schöpfungswerk vollendet und ruhte von seiner Arbeit aus. Deshalb segnete er den siebten Tag und erklärte: ›Dieser Tag ist heilig, er gehört mir.‹« (Gen 2,3)

14 Georg Christoph Lichtenberg: Die Aphorismenbücher. Hrsg. von Albert Leitzmann, Frankfurt a. M. 2005, 187.

15 »Nichi nichi kore ko nichi.« Vgl. Tetsuo Nagaya Kiichi Roshi: Tuschspuren. Bokuseki. Vorwort und Einleitung von Edgar Thriemer. Zusammenstellung der Bilder und Texte von Folker Frank und Edgar Thriemer, Zürich 1985, 104–105.

16 »Sorget nicht um das Leben, was ihr essen, noch um den Leib, was ihr anziehen sollt. Denn das Leben ist mehr als die Nahrung und der Leib mehr als die Kleidung. Betrachtet die Raben, sie säen nicht, sie ernten nicht, sie haben weder Speicher noch Scheuer, und Gott ernährt sie.

Wie viel mehr seid ihr wert als die Vögel! Wer von euch kann aber mit seinem Sorgen seiner Lebenslänge eine Elle hinzufügen? Wenn ihr nun nicht einmal das Geringste vermögt, was sorgt ihr euch um das übrige? Betrachtet die Lilien, wie sie weder spinnen noch weben; ich sage euch aber: Selbst Salomo in all seiner Pracht war nicht gekleidet wie eine von ihnen. Wenn aber Gott das Gras, das heute auf dem Felde steht und morgen in den Ofen geworfen wird, so kleidet, wie viel mehr euch, Kleingläubige! So fragt denn auch ihr nicht, was ihr essen und was ihr trinken werdet, und seid nicht in ängstlicher Unruhe!« (Lk 12,22–29)

17 Franz Fassbind: Apokryph. Gedichte, Olten und Freiburg i.Br. 1989, 195.

18 Werner Lutz: Nelkenduftferkel. Gedichte, Frauenfeld 1999, 22.

19 Vgl. Peter Wild: Wer langsam geht, geht weit. Alternativen zur Überholspur (Topos 738), Kevelaer 2011.

20 Elmar Dalesi/Rolf Kersten: Zen im Gehen. Von der Wandermeditation zum Street-Zen. Übungen nach der Lehre von Meister Nuel Rho San, Zürich/Düsseldorf 1996, 58.

21 Werner Lutz: Nelkenduftferkel. Gedichte, Frauenfeld 1999, 44.

22 Hafis, Rumi, Omar Chajjam. Die schönsten Gedichte aus dem klassischen Persien. Übertragen von Cyrus Atabay. Herausgegeben und mit einem Nachwort versehen von Kurt Scharf, München 1998, 43–44.

23 Max Frisch: Tagebuch 1946–1949, Frankfurt a. M. 1950, 30–32.

24 Eugen Gomringer: Konkrete Poesie, Stuttgart 1972, 58. Vgl. die Diskussion und Weiterführung des Gedichts bei Christian Wagenknecht: Variationen über ein Thema von Gomringer. In: text + kritik, Heft 25, Konkrete Poesie I, München 1978, 14–16. Vgl. die Verbindung des Gedichts mit der sprachlichen Suche der Mystiker und Mystikerinnen bei Claudia Edith Kunz: Schweigen und Geist. Biblische und patristische Studien zu einer Spiritualität des Schweigens, Freiburg i. Br. 1996, 32.

25 Aus der Mundaka-Upanishad. Bettina Bäumer: Befreiung zum Sein. Auswahl aus den Upanishaden, Zürich/Einsiedeln/Köln 1986, 109.

26 Aus der Maitri-Upanishad. Ebd., 133.

27 Vgl. Claudia Edith Kunz: Schweigen und Geist. Biblische und patristische Studien zu einer Spiritualität des Schweigens, Freiburg i. Br. 1996.

28 In der Übersetzung von Martin Buber und Franz Rosenzweig.

29 »Die Metapher sagt also ›mehr‹, als der alltägliche Sprachgebrauch von Wirklichkeit auszusagen vermag. Sie schließt die Wirklichkeit nicht unter einem Begriff zusammen, sondern eröffnet sie auf neue Möglichkeiten hin. Damit spricht sie dem Wirklichen auch mehr zu als dieses ›in Wirklichkeit‹ ist. In den Gleichnissen kommt die Gottesherrschaft als solche ›Mehr-als-Wirklichkeit‹ zu Gehör und in Blick.«

Claudia Edith Kunz: Schweigen und Geist. Biblische und patristische Studien zu einer Spiritualität des Schweigens, Freiburg i. Br. 1996, 111.

30 Angelus Silesius: Cherubinischer Wandersmann. Auswahl und Nachwort von Hans Urs von Balthasar, Einsiedeln 1980.

31 Marie Luise Kaschnitz: Gesammelte Werke. Bd. 5: Die Gedichte, Frankfurt a. M. 1985, 505.

32 Ebd., 491.

33 »Ich bin so vielfach in den Nächten«. Traumgedichte. Herausgegeben von Magdalena Ruetschi und Peter Wild, Zürich/München 1999.

34 Christine Busta: Lampe und Delphin. Gedichte, Salzburg 1955, 87.

35 Magdalena Ruetschi: Pascal's Zimmer. Gedichte, Frauenfeld 1992, 51.

36 Ebd., 49.

37 Brian (Daizen) A. Victoria: Zen, Nationalismus und Krieg. Eine unheimliche Allianz, Berlin 1999.

38 Willi Lambert: Beten im Pulsschlag des Lebens. Gottsuche mit Ignatius von Loyola, Freiburg i. Br. 1997, 186–187.

39 Franz Fassbind: Apokryph. Gedichte, Olten/Freiburg i. Br. 1989, 174.

40 Heinrich Zimmer: Der Weg zum Selbst. Lehre und Leben des Shrî Ramana Maharshi, Düsseldorf/Köln 1976, 24–25.

41 Ebd., 28–29.

42 Hafis, Rumi, Omar Chajjam. Die schönsten Gedichte aus dem klassischen Persien. Übertragen von Cyrus Atabay. Herausgegeben und mit einem Nachwort versehen von Kurt Scharf, München 1998, 53.

43 Werner Lutz: Ich brauche dieses Leben. Gedichte, Zürich/Frankfurt a. M. 1979, 66.

44 Werner Lutz: Die Mauern sind unterwegs. Gedichte, Zürich 1996, 15.

Literatur

Albrecht, Carl: Psychologie des mystischen Bewusstseins, Mainz 1976

Brunst, Monika Dorothea: Ich treff mich heute mit mir selbst. Vier Wochen für ein sinnenvolles Leben, Ostfildern 2005

Davy, Marie-Madeleine: Die Wandlung des inneren Menschen. Der Weg zum wahren Selbst, Salzburg 1986

Grün, Anselm: Der Anspruch des Schweigens, Münsterschwarzach 1984

Krieg, Matthias (Hg.): Lebenskunst-Stücke für jeden Tag, Zürich/Eschbach 1999

Krusche, Roland: Die Übung des Schweigens in der Mystik. Überlegungen zur Hermeneutik des Schweigens, Frankfurt a. M. 1996

Kükelhaus, Hugo/zur Lippe, Rudolf: Entfaltung der Sinne. Ein »Erfahrungsfeld« zur Bewegung und Besinnung, Frankfurt a. M. 1982

Kunz, Claudia Edith: Schweigen und Geist. Biblische und patristische Studien zu einer Spiritualität des Schweigens, Freiburg i.Br. 1996

Lenk, Wolfgang: Meditation. Endlich Zeit für ..., Bd. 2., Hannover 2007

Olsen, Andrea: Körpergeschichten. Das Abenteuer der Körpererfahrung, Freiburg i. Br. 1994

Payne, Rosemary A.: Entspannungstechniken. Ein praktischer Leitfaden für Therapeuten, Stuttgart 1998

Sesterhenn, Raimund (Hg.): Das Schweigen und die Religionen, München 1983

Taïkan Jyoji: Tagebuch eines Zen-Meisters, der aus dem Westen kam, Zürich und Düsseldorf 1997

Wild, Peter: Die äußeren Meister und der innere Meister. Führung auf dem spirituellen Weg, Stuttgart 2001

Wild, Peter: Meditation hilft heilen. Der Übungsweg des Herzens, Petersberg 2004
Wild, Peter: Schritte in die Stille. Die große Schule der Meditation, Ostfildern 2011
Wild, Peter: Vom Glück vorzukommen. Einführung in die Spiritualität, Ostfildern 2008
Wild, Peter: Wer langsam geht, geht weit. Alternativen zur Überholspur, Topos 738, Kevelaer 2011

Ebenfalls erschienen bei

topos taschenbücher

Peter Kottlorz

Mehr als Alltag

Anstöße zum Leben

128 Seiten

Band 842

ISBN 978-3-8367-0842-5

www.toposplus.de

Ebenfalls erschienen bei

topos taschenbücher

Anselm Grün

Lebe dein Leben

144 Seiten

Band 658
ISBN 978-3-7867-0658-2

www.topospplus.de